天津社会科学院 2016 年度重点课题
天津社会科学院学术著作出版基金 2017 年度资助项目

天津社会科学院学者文库

王立岩 著

现代农业发展的理论与实践

THEORY AND PRACTICE OF
MODERN
AGRICULTURAL
DEVELOPMENT

基于天津市的研究

BASED ON
THE STUDY OF TIANJIN

社会科学文献出版社
SOCIAL SCIENCES ACADEMIC PRESS (CHINA)

前　言

  截至 2017 年，我国政府已经连续 14 年发布了关注"三农"的中央 1 号文件，凸显了对农业发展的重视和扶持力度。2015 年 3 月，中共中央政治局会议将 2012 年十八大工作报告上提出的"四化同步"提升为"五化"，即促进工业化、信息化、城镇化、农业现代化、绿色化同步发展。2015 年 7 月 4 日发布的《关于积极推进"互联网＋"行动的指导意见》，提出了"'互联网＋'现代农业"重点行动，为"互联网＋"现代农业发展指明了行动方向。在国家政策的正确导向下，天津市对发展现代农业展开了一系列的探索与实践，在现代农业的科技创新、产业集聚、园区建设、环境建设等领域均取得了突出的成就。

  本书共包括八章：第一章，现代农业发展的理论基础；第二章，产业融合与现代农业；第三章，循环经济与现代农业；第四章，美丽乡村建设与现代农业；第五章，"互联网＋"与现代农业；第六章，产品流通与现代农业；第七章，国内外发展现代农业的经验；第八章，天津发展现代农业的总体思路与对策。本书深度剖析现代农业发展的基本理论和发展模式，结合与现代农业发展密切相关的产业融合、循环经济、美丽乡村建设以及"互联网+"等热点领域，从理论和实践的视角进行分析和论述，深刻揭示现代农业的发展情况、优势条件，以及与农业现代化、农业产业化经营、农业科技创新、现代农业服务业、现代农业示范区、品牌农业等的互动全貌，为天津市全面把握现代农业产业创新发展要领提供认知性的专题思辨。本书对天津市现代农业各个热点领域的发展现状进行梳理，借鉴国内外现代农业的发展经验，提出天津市现代农业发展的总体思路与对策，为天津市加快现代农业产业创新发展步伐提供科学性的理论基础和实践指导。

本书可以作为现代农业领域工作人员、涉农领域研究人员的参考书籍，也可以供农业管理、农业经济及涉农相关专业的学生作为教材使用。

本书参考了大量的文献资料，在此对诸位文献作者表示衷心的感谢！在本书编写过程中，河北工业大学经济管理学院的硕士研究生刘静和王策分别参与本书第一、二、三章和第四、五、七章的资料收集与文字整理工作，张丹丹和牛晓蒙参与了实地调研与文稿校对工作，在此一并表示感谢！

目 录

第一章 现代农业发展的理论基础 // 1

　　第一节　现代农业的含义 // 3

　　第二节　现代农业发展理论 // 21

第二章 产业融合与现代农业 // 29

　　第一节　现代农业产业融合概述 // 31

　　第二节　现代农业的产业融合 // 38

　　第三节　天津现代农业产业融合发展环境分析 // 52

第三章 循环经济与现代农业 // 65

　　第一节　现代循环农业发展模式 // 67

　　第二节　国内外现代农业循环经济发展经验 // 77

　　第三节　天津现代农业循环经济发展现状 // 88

第四章　美丽乡村建设与现代农业 // 99

  第一节　美丽乡村建设对现代农业的客观需求 // 101

  第二节　美丽乡村建设与现代农业规划 // 109

  第三节　天津现代农业推动美丽乡村建设现状 // 117

第五章　"互联网+"与现代农业 // 125

  第一节　"互联网+"现代农业的互动发展 // 127

  第二节　"互联网+"现代农业的发展模式 // 135

  第三节　天津"互联网+"现代农业发展现状 // 145

第六章　产品流通与现代农业 // 157

  第一节　"互联网+"背景下农产品流通渠道 // 159

  第二节　国内外农产品流通渠道经验借鉴 // 164

  第三节　天津市现代农业产品流通渠道现状 // 172

第七章　国内外发展现代农业的经验 // 189

  第一节　国外现代农业的发展经验 // 191

  第二节　国内现代农业的发展经验 // 201

  第三节　国内外现代农业发展对天津的启示 // 205

第八章　天津发展现代农业的总体思路与对策 // 209

  第一节　天津发展现代农业的总体思路 // 211

    第二节　天津现代农业发展的对策与建议 // 221

专家意见 // 231

附　录 // 235

　　附录1：涉农电子商务开展意愿调查问卷 // 237

　　附录2：涉农电子商务开展状况调查问卷 // 241

　　附录3：天津市农产品物流配送现状调查问卷 // 246

　　附录4：天津市民农产品消费行为调查问卷 // 250

第一章
现代农业发展的理论基础

现代农业发展的理论与实践
THEORY AND PRACTICE OF MODERN AGRICULTURAL DEVELOPMENT

第一节　现代农业的含义

截至 2017 年，我国政府已经连续 14 年发布了关注"三农"的中央 1 号文件，凸显对农业发展的重视和扶持力度。从 2007 年开始，提出要积极发展现代农业，标志着我国已经步入快速发展现代农业的时期。在经济全球化不断深入以及我国市场经济体制不断完善的环境之下，传统农业也在向现代农业转变，同时也为现代农业提供更多的机遇和发展空间，从而更好地推进现代农业的全面发展。

一　现代农业的内涵

农业是国民经济中一个重要的产业部门，它是以土地资源为生产对象，通过培育动植物产品从而生产食品及工业原料的产业，属于第一产业。广义的农业包括种植业、林业、畜牧业、渔业、副业五种产业形式；狭义的农业是指种植业[1]。农业是人类文明发展历史长河中最为重要的成果之一，其发展历史可追溯到几千年前，受不同气候、文化和技术等环境的影响，人们

---

[1] 章甜甜、闫晓明、郑露露等：《循环农业内涵及典型模式研究进展》，《浙江农业科学》2017 年第 1 期，第 3～10 页。

逐步掌握了推进农业发展的技能和技巧，进而使其发展成为一门科学①。

由于研究视角的不同，学术界关于现代农业概念和内涵的界定可以分为以下几类。第一，阶段论观点，认为现代农业发展史上的时间性概念，现代农业是有时效性的，即随着时间的推移，现代农业的内涵也是在发生变化的，所以我们只能从当下农业发展的一些特征来认识它。卢良恕认为现代农业是继原始农业、传统农业之后的一个农业发展新阶段，以现代工业装备为物质条件，以科学技术为强大支柱，以统筹城乡经济社会发展为基本前提，具有较强市场竞争力的一体化、多功能的农业产业体系②。第二，功能论观点，认为现代农业不仅仅是农业发展史上的时间性概念，而是应该更多地体现在农业功能性的拓展上。吴浙等认为现代农业是在市场机制与政府调控的综合作用下，实行集约化生产，产加销为一体，运用现代管理方式管理的一个多元化的产业形态和多功能的产业体系。强调了现代农业的发展条件、发展方式以及多功能化的发展状态③。第三，手段论观点，现代农业与原始农业以及传统农业的区别主要体现在生产经营的手段上有差异。原始农业生产工具简单落

---

① 曹林奎、陆贻通等：《都市农业的基本特征与功能开发》，《农业现代化研究》2002年第7期，第270~273页。
② 卢良恕：《现代农业发展与社会主义新农村建设——（三）现代农业的内涵、特点与发展趋势》，《安徽农学通报》2006年第8期，第1~3页。
③ 吴浙、李静：《土地流转对发展现代农业的作用分析》，《安徽农业科学》2010年第5期，第2599~2600页。

后，以获取有限的生活资料维持低水平的共同生活需要的一种生产方式。现代农业是以广泛应用现代科学技术、普遍使用现代生产工具为重要标志，以生物技术和信息技术为主体的农业生产活动。蒋和平等认为现代农业是一个动态的、历史的、相对的概念，是相对于传统农业而言的新型农业。他指出现代农业的内涵包括创新、产业化经营、集约化经营、外向型、适度规模经营、标准化等理念[①]。第四，范围论的观点认为，现代农业是一种与传统的小农经济有明显区别的农业生产形态，传统农业是局限在生产环节，而现代农业的概念早已超出单纯田间生产或农户生产的范畴。毕朱等将现代农业发展的基本特征概括为五个方面：一是彻底改变传统农业技术经验长期停滞不变的局面；二是突破传统农业生产领域仅局限于以传统种植业、畜牧业等初级农产品生产为主的狭小领域；三是突破传统农业生产过程完全依赖自然条件约束；四是突破传统自给自足的农业生产方式及农业投入要素仅来源于农业内部的封闭状况；五是改变传统粗放型农业增长方式[②]。第五，系统论观点，现代农业以广泛应用现代科学技术、普遍使用现代生产工具为重要标志，从内涵到外延发生了革命性的变化。2007年中央1号文件对现代农业做出了科学的表述和概括：用现代物质条件装备农业，用现代科学技术改造农业，用现代产业体系提升农业，用

---

① 蒋和平、辛岭：《建设中国现代农业的思路与实践》，中国农业出版社，2009。
② 毕朱、柳建平：《现代农业的特征及发展途径》，《经济体制改革》2008年第3期，第92~96页。

现代经营形式推进农业，用现代发展理念引领农业，用培养新型农民发展农业。

现代农业可界定为：坚持可持续发展理念，以先进的生产加工装备、科学的生产加工技术、科学的经营管理手段来优化传统农业，促进农业生产与流通实现跨产业融合，走可持续发展的现代化农业发展模式。现代农业不仅仅是简单的农业与科技的结合，而是一个与发展农业相关、为发展农业服务的庞大产业群。在市场机制的作用下，以产业群为基础，以农业生产为手段，各产业间形成相对稳定、相互依赖和相互促进的利益共同体，现代农业体系的构成见图1-1。

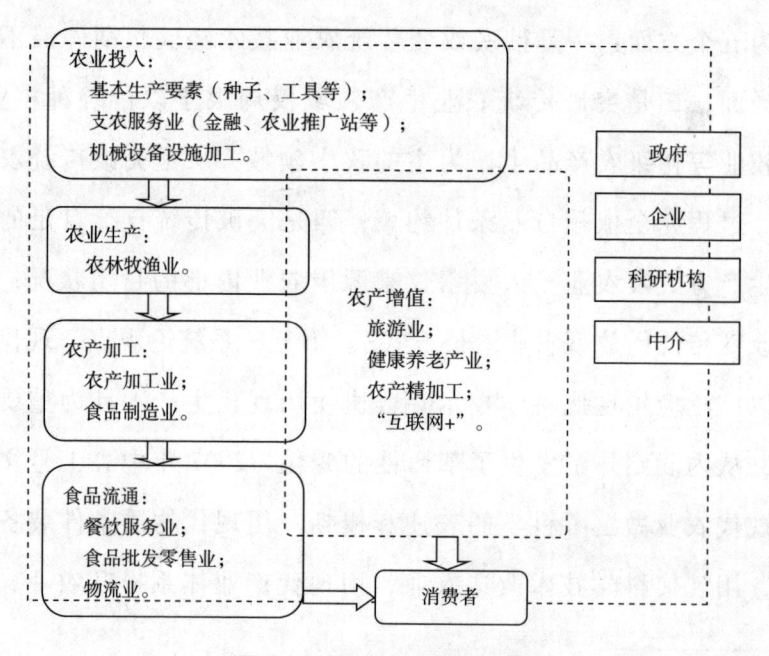

图1-1 现代农业体系构成

在现代农业中，以农业投入为出发点直至完成消费者的消费需求，较传统的农业体系更加丰富和富有内涵。现代农业的生产仍然是传统农业的农、林、牧、渔业等生产领域，这是现代农业体系的核心环节，具体包括农作物生产、林业规划种植、牧业养殖和渔业养殖等。以农业生产为基点向产业链两端延伸，产前环节为农业投入方面，不仅包含种子、种畜、饲料、肥料、药品等农用生产资料，还包含农用设备、机械、农用设施、农村金融以及其他支农服务业等各个方面。产后环节主要体现在农产品储藏、加工转化、流通等方面。产中环节主要体现在技术、管理等领域的现代化；产后环节为现代农业赋予了"现代"的内涵，融入了更多现代的科技创新和管理创新，体现了产品设计的市场化、营销手段的多样化以及市场服务的便捷化。现代农业生产的全产业链融入了政府、企业、科研机构和中介机构的参与，政府既是权力机构也是服务部门，主要实现政策制定、市场监管、规范管理以及创新服务等；以农业合作社、农产加工及流通等企业成为现代农业发展的主体，是现代农业产业链的中转站；科研机构加速农业科研成果转化，推进农业生产、流通技术推广，使现代科技理论得以实践；以银行等金融机构为代表的中介机构，为现代农业与相关产业架起了沟通的桥梁，为现代农业发展提供有效的服务。

我国农业已经处于现代农业的快速发展阶段，但我国的农业现代化与发达国家仍存在一定差距，需要进一步加大投入力度，力求在管理、技术、理念等领域实现突破创新，不断加快农业现代化的进程。在当前的工业化、城镇化大背景下，社会化生产不仅要求集约化、市场化、结构化，还要求科技化和可持续发展。换而言之，也就是要求生产手段、劳动者、组织管理、运行机制等方面实现现代化；不仅如此，还要求资源环境优良化以及在开放经济条件下的国际化。所以，应该以科学化为核心，以商品化为特征，以集约化为方向，以产业化为目标来发展现代农业。

二　现代农业的特点

与传统农业相比，现代农业的突出特点是采用现代生物技术与传统技术相结合，以现代工业装备和信息技术作为工具，建设可持续发展的科技支撑型、生产要素投入集约型、资源配置市场化的高生产率和高效益农业[①]。现代农业具有技术先导、要素集约、功能多元、效益综合等显著特征，其主要意义不仅体现在增产增收上，而且对促进社会主义新农村建设、构建和谐社会等历史任务都具有深远的影响。

（一）现代农业是科技支撑型产业

随着高新科技的迅速发展，生物技术和信息技术实现了质的飞跃，尤其是"工业4.0"以及"互联网+"等现代科学技术的诞生，为农业发展提供了良好的技术条件和环境支持。这

---

① 赵宇：《传统农业对现代农业发展的启示》，《云南民族大学学报》（哲学社会科学版）2015年第4期，第157~160页。

些高新技术与农业的有效融合有效提高了农业生产效率，生物技术的发展为农业提供了一条新型发展道路，能够有效地在物种间进行基因转移和重组，充分发挥各种物种的优势，改良原有品种的不足，使其更能适应新时期农业发展的需求。在"互联网＋"环境下信息技术使其与最新农业发展动态接轨，使相关科学信息实现无障碍传递，农业发展越来越超越传统时空和地域限制，与工业技术相结合，真正实现农药无公害、精细灌溉、自动培育和专业防疫，使农业更加节能环保，操作方法也更加先进。农业与现代生物技术、信息技术等结合，突破常规农业限制，实现了从生产、加工等一系列过程的现代化，使农业向高科技产业迈进。利用航天、自动控制等现代工程技术，可以使农业生产充分享受现代科技带来的便利。

（二）现代农业采用现代化战略导向

从全世界范围来看，无论是美国实行以规模经营为主、辅以多种形式农工联合体的现代经营模式，还是欧洲和日本等以小户经营为主、辅以各种与农业和市场相关经营组织的经营模式，基本要保证农业与市场相结合。而中国的发展与它们不同，走上第三种经营模式。中国实行公司加农户的经营模式，实现农户与国内外市场充分连接，利用公司经营实现农产品生产、加工、销售等环节的密切结合。现代农业的发展需要有与其相适应的生产和经营形式，通过制定现代化的生产和经营战略，现代农业的发展才能够更好地与其他产业融合，增强发展活力，紧随时代脚步,顺应经济发展潮流。

（三）现代农业是多元化的新型产业

随着生产方式的变革,现代农业与整个市场上不同的行业相结合,使其突破以往以生产初级农产品为主的限制,而与农产品深加工、生物、医药、能源和环保等多个领域相结合,形成了各具特色的新型农业,使得现代农业成为一种以多元性和综合性为特征的新型产业。随着经济水平的提高、文明的进步、现代科学技术的发展与应用以及新的农业发展方式不断展现与丰富,农业活动除了拥有一些基本功能如提供粮食之外,还拥有其他的功能如成为休闲景观供人们欣赏娱乐[1]。

（四）现代农业坚持可持续发展理念

传统农业的高速发展给土地、环境和生态系统造成严重破坏,随着可持续发展成为时代主题,推进现代农业实现农业的可持续发展也成为重中之重。生物能具有巨大的潜力,而农业正是提供生物能最重要的产业。因此,通过种植物改良优化农业生态系统,充分发挥自然生态系统的自我调节能力,极大地调动生物体自身的技能,是现代农业发展的必经之路。另外,建立高效施肥和灌溉体系,从根本上减少农业污染,并建立农

---

[1] 张华颖:《天津都市型现代农业发展问题研究》,天津师范大学硕士学位论文,2015。

业病虫防治体系，使其减少对紧缺能源的依赖也是现代农业应该注意的问题。因此，响应社会需求，提高农产品的数量和质量，利用科学的方法选择合适的经营方式，利用最先进的科学技术实现农业高效发展，建立以可持续发展和人类健康为主要目标的现代农业生产体系，是促进农业健康发展、建立绿色农业的关键。

三 现代农业的发展模式

（一）国外现代农业的几种典型发展模式

现代农业发展的典型代表主要包括美国、日本和法国等，他们依据自身的实际情况选择了不同的发展模式[①]。

第一，美国现代农业发展模式。美国国土广阔，还拥有丰富的土地资源，所以在农场制的基础上进行农业生产。农场制的存在很大程度上影响了美国现代农业的规模化生产。规模化、机械化、高投入型的生产模式是美国现代化农业发展的典型模式。在美国较为完备的社会服务系统下形成了以农场制为基础的农业组织形式，这不仅能够发挥美国的地理优势而且在获得最大经济利润的同时也为美国现代农业的形成奠定了较好的组织基础。美国农场主要有三种形式：家庭农场、合伙农场和公

---

① 扈云峰：《美日法3国农业现代化模式的经验借鉴与思考》，《经济研究导刊》2013年第29期，第46~48页。

司农场。正是因为美国选择了一条别具一格的"高投入+高消耗+高补贴"的发展道路，它才能完成农业生产一条龙的机械化操作，并在地大物博、资源丰富的环境特征下短期内实现现代化农业生产。

第二，日本现代农业发展模式。由于日本的地形较为复杂，国土呈现南北狭长的形状，因此日本各地在自然条件方面存在很大不同，如气候、土壤和水文等。此外，日本的耕地面积较少且分布较为分散，因此节约资源是日本现代农业发展需要考虑的因素，并且要根据各地自然差异较大的情况因地制宜地发展现代农业。由此可见，资源节约型和技术密集型是日本现代化农业发展的两种主要模式。日本通过"一村一品"的农业生产模式基本实现了农业专一化和产品多样化，与此同时，日本还做到将区域特色资源和市场进行联合从而使日本的农业资源得到充分发挥并缩小了城乡差距，寻找到一条具有日本特色的资源节约型之路。日本属于岛屿国家，农业发展受土地资源限制较为严重，但日本在农业现代化过程中克服了资源匮乏带来的障碍，并成功进入农业科技大国行列。日本现代农业发展模式较为丰富，如MIDORI（美多丽）现代都市农业发展模式，有利于形成环境保护和农业共同协调发展的局面。

第三，法国现代农业发展模式。机械技术是法国现代农业生产模式的主要特点，法国以先进技术为基础来实现现代农业的发展，同时辅以集约化、专业化和一体化生产为特点的集约化生产方式。通过土地制度改革，可以更加集中地整治农地，通过政府对农业生产进行指导，使高科技不断融入农业生产过程中。法国政府促使农业生产达成专业化和一体化模式，进而形成集约化的农业生产方式。法国农业生产专业化主要表现为三个方面：地区专业化、农场专业化和工业专业化。

（二）按照资源禀赋划分

现代农业的发展模式受区域资源禀赋的影响和制约，纵观世界农业现代化较为发达的国家，现代农业的发展模式可以分为节约劳动型、节约土地型及中间类型三种。节约劳动型模式一般为地广人稀的国家，主要以机械化代替人工劳作，如美国、加拿大、澳大利亚、俄罗斯等。节约土地型模式一般为人多地少的国家，利用生物、化学技术来弥补土地的不足，如日本、韩国、荷兰等。中间类型模式一般为人地比例中等的国家，尽量提高土地生产率的同时也提高劳动生产率，如法国、英国、德国等。在借鉴发达国家发展现代农业的先进经验基础上，我国不同地区现代农业发展模式也呈现出不同的区域特色[1]。

第一，技术密集型和资源节约型农业。技术密集型和资源节约型农业是我国东部地区的特有模式。东部地区是我国经济发展水平最快、收入水平最高的地区，也是我国工业化水平最高的地区，经济实力相对雄厚、农业产业化水平高、优势农产

---

[1] 孔祥智、李圣军：《现代农业的理论分析与对策建议》，《中国农业科技导报》2007年第5期，第9~12页。

品基地已经初具规模。发展现代农业的总体方向是"土地节约型"发展模式，也就是以提高土地生产率为主，大力发展资本、技术密集型和资源节约型农业，充分利用资本、技术和市场优势，发展高效农业和高档精深加工，提高农业综合效益。东部地区充分发挥区位条件优势，紧密联系大城市消费市场，在大部分农村劳动力在本地转移就业的情况下，引导实现土地流转和规模化生产经营，建设专门的农产品生产加工基地，通过引进适合当地资源禀赋条件和市场环境的大型农产品加工项目，在市场需求和企业行为的引导下，在资本、技术等现代生产要素的大量投入和替代作用下，转变农业生产结构，增加畜乳和果蔬等适宜大城市周边农区生产的高附加值农产品比重，提高农户生产经营专业化和规模化程度，提高标准化、设施化水平，逐步实现改善农业生产结构、延长农业价值链条、提升农业产业化水平。

第二，特色农业。我国西部地区主要发展特色农业。占据我国国土面积一半以上的西部地区，耕地面积约占全国耕地总面积的四分之一，地势较为平坦，耕地资源丰富，降雨稀少，光照充足。西部地区现代农业发展的最大优势就在于其资源的独特性。然而，西部地区经济发展和技术管理水平相对落后，农业和农村基础设施薄弱，市场化程度低。发展现代农业的总体方向是发挥地域种植资源的独特优势，发展特色农业，建设特色农产品生产加工基地，培育特色农产品品牌，提高农产品附加值。西部地区经济能力较弱，农民的投入和发展能力更弱，因此要深化改革，加大投入，培育新型经营主体，带动和促进农户发展现代农业。以农村金融改革为突破口，形成农业产业投融资专业平台，为特色农业发展提供强有力的资金支持；加强农业技术服务，农业技术人员及时解决特色农产品生产过程中遇到的问题；加大保险支持保障，根据当地特色产业发展需要开发政策性保险险种。充分发挥政府的引导扶持、投入带动作用，以优惠的政策引入外部力量，使现代农业发展力量与本地特色农业资源相结合，提升现代农业的发展能力。

第三，产业化农业。我国中部地区农业资源相对丰富，适合发展产业化农业。中部地区农业开发条件也比较优越，多年以来一直是我国重要的商品粮生产基地，承担着保障国家粮食安全和实现农产品有效供给的重任，也是我国解决"三农"问题和统筹城乡发展的重点区域。推进中部地区的现代农业建设，应立足于优良的农业传统，利用好丰富的优势农产品和丰富的劳动力资源，加强农业基础设施建设，发展农产品加工业，不断提高农业综合生产能力。政府部门出台吸引社会资本投资农业的多项优惠政策，推进农村土地流转，各类新型主体借助政府政策优惠，积极投资农业生产经营，参与现代农业建设，以投资流转农村土地，促进大规模、高起点、高标准的基地建设和农业产业化发展，在短期内显著提升农业生产技术和装备水平、扩大生产经营规模和产出效益。

第四，机械化农业。以机械化农业为主的我国东北地区具有人少地多的明显特征，农业生产资源和生产条件十分优越，农业生产基础好，是我国重要的商品粮基地，其寒地黑土和绿色食品品牌已获得国内市场的广泛认可。东北地区加快现代农业建设应发挥资源优势，以提高劳动生产率为主要目标，大力发展规模化、机械化农业，提高集约生产水平，发展龙头企业、规模化家庭农场，加强产业基地建设，使规模化的效益得到充分发挥。在人少地多的优越条件基础上，加强农田水利基础设施建设，在土地流转、规模经营的同时推进大合作，使经营规模进一步扩大，配以大型农机具和高新科技，规模经营的效益得到全面挖掘。在农产品产后加工领域，大力引入、兴办农产品加工企业，为广大农民提供了更广阔的就业渠道，农民的工资收入也不断提高。大规模生产、合作、加工紧密联结，劳动生产率和土地生产率同步提高，是人均耕地面积较多的地方发展现代农业的有效途径。

（三）按照发展主体划分

现代农业发展主体导向是我国现代农业发展模式比较明显的特征之一，也是我国现代农业发展可借鉴的成功经验。按照发展主体划分我国现代农业发展模式可分为龙头企业带动型、农户公司带动型、农牧结合型、城乡统筹型等四种[①]。

第一，龙头企业带动型。龙头企业带动模式是以龙头企业

---

① 崔凯、蒋和平：《我国现代农业发展的四种模式及借鉴启示》，《科技与经济》2010年第2期，第27~31页。

作为现代农业开发和经营的主体，以"自愿、有偿、规范、有序"为原则，以"公司+基地+农户"为组织形式，在此基础之上，将一个产业或产品实现一体化经营，即生产资料供应、生产加工、销售一体化，为了把分散在农民手中的土地与企业的经营开发活动相结合，需要将农民的土地使用权进行租赁，由此便可以形成龙头带基地、基地连农户的生产经营格局，这种格局的特点是产业化、商品化和规模化。龙头企业带动型的现代农业模式主要是由龙头企业设立生产基地，通过推广农业科技成果以及进行产业化开发，使得企业与农户和市场形成利益共享、风险共担的运行模式。

第二，农户公司带动型。农户公司带动型是这样一个运行模式：它的主体农户公司是农户家庭经营，基础是独户联户、共同经营，目标是提高农民收入，手段是多种经营，并且依法进行注册登记，是有着固定经营场所的经济主体。农户公司可以联合分散经营的农户充分利用当地的各种资源，鼓励并吸收农业劳动力就业，带领农民从事一系列生产经营活动，如手工制作、特色加工、产业开发、产品经营、中介服务、市场销售等，这种模式有着很多积极的影响，它不仅拓宽了农民的就业渠道、推动了农业发展，还促进农民致富和产业发展。

第三，农牧结合型。农牧结合型的模式把畜牧产业当作其主导产业，这个模式主要应用在以农牧经济为主的地区，它在发展种植业和饲料产业的同时也注重其他产业的发展，在这个基础上采取一系列措施，如将养殖基地规模化、使农牧户、基地和企业对接起来、建立各种专业协会和中介组织、加强市场建设、改善社会化服务体系。这些措施不仅有利于全面提高农牧业生产标准化程度和科技含量，形成高效农牧业产业化经营格局，而且还实现了农牧业跨越式发展。这种模式集种植、养殖、加工、销售为一体，具有"为养而种、以种促养，以养增收"的特点，并且不断将农牧业经济结构进行调整和完善。这种模式的目标是在提高农牧业经济发展速度的同时增加农牧民收入，做到将经济效益、生态效益和社会效益三者统一起来。

第四，城乡统筹型。在城乡一体化发展思路带领下，城乡统筹模式依靠高效农业和优势产业集群，通过融入工商业资本和发展高效农业来吸引农业劳动力就业，从而对农村各个相关产业发展起到积极的作用。在这种模式下，农业与工业、农村与城市、农民和市民是一个既相互区别又联系密切的整体，通过通盘考虑、综合协调，实现工农城乡互动、协调发展。与此同时，通过发展高效农业，推进社会主义新农村建设，促进现代农业的发展，从而在实现农业增效的目标的同时还增加了农民的收入。

四 发展现代农业的必要性

（一）改变农业生产经营方式

现代农业产出高效、产品安全、资源节约、环境友好，适应农业生产力发展要求，促进农业经营方式优化。现代农业的核心是发展多种形式的农业、适度规模经营，基本特征是规模农业。因此，规模经营才是现代农业发展的趋势，不仅要发展土地等要素集中型的规模经营，还要发展联合与合作服务型的规模经营。此外，现代农业也在顺应世界科技发展潮流，不断鼓励农业科技自主创新以及不断推动农业技术集成化、劳动过程机械化、生产经营信息化。现代农业与传统农业相比存在着很大不同，现代农业的发展必须要通过现代农业科技的应用来提高农产品的品质，因为高端消费群体在绿色、生态、安全方面有着很高的要求，同时也能帮助农业科技、产品品牌创建、生产管理和市场营销等诸环节成功转型升级[①]。为了进一步推进农业生产经营方式转变，现代农业必须做到以下几点：一是以大力发展多种形式农业适度规模经营为核心，二是以培养壮大新型经营主体为抓手，三是以完善农业社会化服务体系为支撑，从而促进农业结构战略性调整，推动农业科技不断创新，保障农业可持续发展，建立现代农业经营体系、生产体系和产业体系。

（二）提高农业综合发展能力

农业综合发展能力是通过各种生产要素的投入形成的，如土地等农业自然资源、农业资本、农业劳动力、农业科技、农

---

① 张云刚:《发展高端农业的必要性及展望》,《农业展望》2013 年第 7 期, 第 45～47 页。

业经营管理等，它具有稳定性和整体性。此外，农业的综合发展能力也会受到农业生产条件、农业技术以及抵御自然灾害能力的影响。通过加快农业科技进步、培育现代农业经营主体、完善现代农业产业体系、推进现代农业示范区建设等手段提高农业综合发展能力，既可以更加准确、高效地延伸农业产业链条还可通过增加农产品附加值提高农业的整体经济效益。发展现代农业有很多积极的影响，不仅能够提高农业科技和管理水平，还有利于农业的区域化布局以及提高农业的专业化、社会化水平，进而达到提高农业综合发展能力的目标[①]。

（三）提高农产品国际竞争力

在市场化环境下，传统农业生产方式主导作用在一定程度上限制了我国农业现代化进程，从而导致市场竞争力较弱。我国的低端农产品很多，集中表现为技术含量低、附加值低，这直接导致了农产品开拓域外市场、抵抗冲击的能力减弱。因此，要想提高我国农业的国际竞争力，实现农业现代化必须要发展现代农业。现代农业在高品质农产品的生产和销售基础上，通过加大高端的农业科技要素投入以及引进现代化的经营管理模式来达到农业生产的区域化布局、规模化种植、标准化生产及市场化经营，进而使整个产业链条上各个环节进行良性互动，达到提高农业的整体市场竞争力的目的。

---

① 张廷银：《加快发展现代农业增强农业综合生产能力》，http：//www.ha.xinhuanet.com/zyjjq/2012 - 12/10/c_ 113963022.htm，2012 - 12 - 10。

第二节 现代农业发展理论

一 农业规划理论

（一）农业布局的区位理论

杜能（JH. Thunnen）提出"农业区位论"，认为市场上农产品的销售价格决定农业生产的产品和经营方式，农产品的销售成本为生产成本和运输成本之和，而运输费用又决定着农产品的总生产成本。某个经营者是否能在单位面积土地上获得最大利润将由农业生产成本、农产品的市场价格和把农产品从产地运到市场的费用三个因素所决定[①]。农业生产的空间配置是以城市为中心，围绕城市呈同心圆状分布着其他相关产业，即"杜能圈"。第一圈为自由式农业，它距离城市最近，因此生产蔬菜、牛奶等易腐难运的产品；第二圈为林业区，这一区内层生产薪炭木材供城市家具制作，外层生产建筑用材用于建筑工程；第三圈为轮作式农业，该区谷物和饲料作物实行轮作种植；第四圈为谷草式农业，主要种植谷物和牧草；第五圈为三圃式

---

① 转自侯东栋、王晓慧《从产业到休闲：农业发展的新业态》，《江苏经贸职业技术学院学报》2016 年第 1 期，第 12～16 页。

农业，主要种植黑麦、燕麦和用来休闲，每项各占三分之一，三年一轮回；第六圈为畜牧业圈，此区距离城市最远，其生产用于自给。杜能的农业区位理论首次确立了土地利用方式、区位的客观规律性与优势区位相对性，为后人探讨如何合理布局农业结构和合理利用土地提供了极有价值的理论参考。

（二）改造传统农业理论

美国著名经济学家 W. Schultz 对传统农业进行了一系列研究并提出了改造传统农业理论[1]。他针对传统农业提出了自己的对策建议：首先，要不断进行农业科学研究并将最新研究成果应用到农业生产之中；其次，要对传统农业进行投资，改善生产要素，加大生物技术的应用和提高农药化肥的使用量，通过农业机械化代替手工劳动来使生产效率得到提升，在加大政府部门对农业支持力度的同时完善相关的农业管理制度，提高建立多方面的社会性服务机构的积极性并且要对农业技术人才的培养教育工作高度关注[2]。作为发展现代农业的重要基础理论，该理论不仅对于农业科技、农业要素配置、政府支持等指标研究有着积极的影响，而且对相关应用研究有着很大的指导意义。

---

[1] Theodore W. Schultz. *Transforming Traditional Agriculture* [M]. New Haven. Yale University Press, 1964: 322 - 347.

[2] Theodore W. Schultz. *Structure - Toxicity Relationship for Pimephales and Tetrahymena: A Mechanism of Action Approach* [M]. Enivironmental Toxicology and Chemistry, 1997.

（三） 可持续发展理论

随着全球范围内生态恶化及一系列环境问题的出现，可持续发展理论也应运而生[①]。农业可持续发展理论是可持续发展理论在农业发展过程中的具体表现。Gordon Douglas 最早呼吁人们对农业可持续性发展问题进行关注，从而引发人们对农业可持续的关注与重视。联合国粮农组织（FAO）也对可持续农业下了定义：采用技术创新和机构改革手段做到自然资源的利用与开发平衡，从而保证目前几代人获得和人类后代对农产品的持续需求满足。由于现代农业发展要求生产要素的大量投入，因此自然环境会遭到破坏，此理论的提出也会指导整个现代农业的发展[②]。

（四） 技术创新与扩散理论

农业技术创新与扩散是通过农业技术推广过程中的创新与扩散实现农产品和农业生产过程的增值，不断提高农业生产社会、经济、生态效益的过程。农业技术创新与扩散理论包括现代要素引入理论、农业踏板原理、农业技术创新扩散理论等。

现代要素引入理论。W. Schultz 认为只有通过技术变革，提供新技术、新品种、新动力等，才会实现农业部门的增长。改

---

① Guttman JoeLM：Interest Groups and Demand for Agriculturel Research ［J］，*Journal of Political Economy*，Vol. 86：467 – 484，1978.
② Food and Agriculture Organization Web Ske ［EB/OL］：http://www.fao.org/statistics/en/，2014 – 10 – 20.

造传统农业,实现现代农业发展的关键是在农业部门引入新的生产要素。引入新的生产要素,不仅要引入基本生产资料要素,还要培养拥有现代科学技能,合理运用现代生产要素的新型农业劳动力;对农业研究和农民培养进行投资,从而为农业技术变革和农业生产率增长提供良好的基础。

农业踏板原理。该理论描述了在利润的驱使下,农民最先使用先进的农业技术和被动使用新技术的过程,结果会导致供给曲线向右移动,从而消除了先进的农业技术带来的超额利润的现象。先进的新农业技术从最初的开发者扩散给越来越多的采用者(或地区),新技术得到普及应用,最终促进农业技术进步。

农业技术创新扩散理论。该理论认为农业技术扩散的发源地与周围地域之间存在的"位势差""位势能"必然促使技术创新向周边区域发生扩散。农业技术创新的扩散是一项农业技术从最初采用者或地区向外传播,为更多的采用者或地区采纳、应用、普及的过程,该过程会受到社会、自然、市场等多种因素的综合影响。通过农业技术创新来促进现代农业发展,推动农业生产要素、生产组织、生产条件等进行重新整合,提高农业生产效率与效益。通过农业技术创新与扩散,以解决我国目前人多地少、人均资源不足、生态环境脆弱的农业生产现状,走高效生态的现代农业可持续发展之路,实现经济与资源、生态之间协调发展。同时,建立一些优势明显、独具特色的现代农业示范区,通过建设示范区来推动现代农业的发展。

二 产业发展理论

（一）产业融合理论

产业融合理论最早出现在 20 世纪 60 年代对美国机械设备的研究中，当时 Rosenberg 发现一些产品功能和性质没有较大关联的产业会因为采用通用的技术最终产生一种技术融合的过程。产业融合大致可以描述为发生在产业边界和交叉处的技术融合，使原来的产业在产品市场和产品需求上发生了改变，从而导致产业界限的模糊以致对产业界限的重新划分。产业融合为经济发展提供了新的模式，是新兴的产业组织形式。与现代农业相关的产业融合理论是狭义的概念，指不同产业或产业内不同部门间的交叉、融合，这个过程是动态的和漫长的[1]。随着农业的改造升级，现代科学技术和管理手段越来越深刻地影响着农业的生产方式，现代农业也逐渐向二、三产业延伸，催生出许多新的农业产业类型。农业与工业、服务业和高新技术行业的融合，推动了农产品加工业、休闲观光农业、农业信息产业和生物农业等行业的发展，种植业、养殖业、加工业的融合形成了循环农业[2]。产业融合的发展，使得现代农业的内涵已经与传统

---

[1] 杨园争：《山西省旅游产业与文化产业融合发展研究》，山西财经大学硕士学位论文，2013。

[2] 梁伟军：《产业融合视角下的中国农业与相关产业融合发展研究》，《科学·经济·社会》2011 年第 4 期，第 12~17 页。

农业大不相同,生产方式、发展模式和目标也发生了深刻变化。

(二) 农业循环经济理论

20世纪50年代,美国著名思想家John B. Cobb,Jr认为,现代经济学家与生态学家、环境学家进行的争论实际上就是现代主义学者与后现代主义学者进行的路线与理念之争,在此基础上他提出了后现代绿色经济思想。美国生态经济学家K. E. Bonlding,最早提到循环型经济一词,并提出了"宇宙飞船理论",其主要目标在于关爱地球、保护环境和实现能源、资源的充分利用的经济运行过程。从20世纪80年代开始,我国便引进循环经济理念,循环经济不仅有利于可持续发展还有利于落实科学发展观,目前我国的循环经济已开始进入实际运用阶段[①]。农业循环经济作为一种追求生态环保的经济形态,是按照资源和生态环境的自然系统运行规律,把清洁生产过程与废弃物的循环再利用融为一体,积极遵循生态经济学规律来指导工农业生产活动,实现社会经济发展的生态化与环保要求,本质上属于循环经济在农业生产领域的应用与延伸[②]。

(三) 多功能农业理论

农业多功能性是指现代农业功能的多样化,长期以来,农

[①] 杨晓明:《中国农业循环经济发展模式研究》,武汉理工大学硕士学位论文,2010。
[②] 李英姿:《简论循环经济与生态农业发展的关系》,《经济问题》2007年第6期,第34~36页。

业的功能被局限在经济功能上，认为农业是提供粮食充饥，满足生活需要的功能。但随着经济社会不断的发展，生物技术、信息技术等高新技术的不断发展与应用，农业的新功能在不断拓展中，除一般的经济功能外，还有休闲旅游功能、文化生态功能、观光功能、提供能源功能等。要实现农业多功能的充分体现，就应该从国际、国家角度，充分考虑国情、文化、地域的不同情况，制定系统的农业多样性发展规划，以促使农业各功能的有机结合。农业多功能性主要包括食物安全保障功能、经济功能、社会功能、文化功能、生态功能等。目前，世界各地已出现了有机农业、能源农业、生态农业、旅游农业、文化农业、都市农业等多功能农业经营模式或类型。拓展农业多功能已成为传统农业改造升级的突破口，成为我国发展现代农业的战略选择。为了尽早实现我国的农业现代化，必须不断拓展农业的多种功能，加大发展多功能农业，扩大农业的广度和深度，促进农业产业结构调整与优化升级[①]。

（四）生态农业理论

生态农业基于生态系统服务研究生物与环境的关系，把生态学理论作为理论依据，运用系统工程的方法，把合理利用自然资源与保护生态环境作为农业生产的前提。在借鉴传统农业经验的同时也利用现代最新的科学技术，通过人工设计生态工

---

① 周镕基、乌东峰：《现代多功能农业的价值及其提升研究》，《科技进步与对策》2012年第2期，第59~62页。

程、处理好发展与环境、资源利用与保护之间的关系,进而实现环境与经济共同发展,做到经济、生态、社会效益的全面协调发展。生态农业的具体表现形式有生态农业村、旅游农庄等。

生态农业村。选择自然环境较好,生产项目较多的农村并将其进行改造,把传统农业与现代科学技术结合起来,开发出多种农业生产方式并存的并且符合生态规律的现代生态农业村。生态农业村作为一种观光农业的形式有着以下特点:具有完整的村落结构,主要进行农业生产,并且通过开展观光旅游活动来吸引人们的关注,从而带来很大的经济效益,增加了农民的收入[1]。

旅游农庄。旅游农庄通过建立农业景观供游客观赏,不仅改变了以农业生产为主的经营形式,同时还考虑到人们的休闲、度假活动。旅游农庄对周边的环境要求很高并且独具特色,游客可以体验农业生产氛围、欣赏美景[2]。

---

[1] 郭春华、马晓燕、冷平生:《浅析观光农业类型和规划要点》,《北京农学院学报》2002年第2期,第23~27页。

[2] Enerson D. *Eco - industrial Parks Catrebuild Local Economie* [M]. Business Week. 2003: 51.

第二章
产业融合与现代农业

现代农业发展的理论与实践
THEORY AND PRACTICE OF MODERN AGRICULTURAL DEVELOPMENT

发展现代农业是全面实现小康目标的关键,也是增加农民收入、繁荣农村经济的关键。从产业融合的视角,探索现代农业中如何将农业与相关产业进行融合发展,以提高资源利用效率、农业产业竞争力和农民收入,保护生态环境,实现农业产业结构优化,具有重要的理论意义和实际意义。

第一节 现代农业产业融合概述

一 产业融合的内涵

随着经济的发展,产业融合逐渐成为产业升级转型的需求。最早的产业融合发生于以信息产业介入的其他产业,随后在制造业和服务业中发展较为广泛,成为产业经济发展的主要形式和重要过程。关于产业融合的定义,Greenstein 等的研究显示产业融合是由于产业发展需求而形成的产业间相互吸引,最终导致产业边界结合、缩小直至消失[1];厉无畏认为产业融合的最终结果是形成一个动态有序发展的新型产业,这一产业具备原来产业的特征并产生新的更高层次的功能,是不同产业或同一产

---

[1] Greenstein, S. and Kh Anna, T. "What does Industry Mean?" in Yoffieed., Competing in the Age of Digital Convergence [M]. The President and Fellows of Harvard Press, 1997.

业不同领域相互作用的结果①。关于产业融合的分类，胡汉辉等从产业融合的形式及路径出发，将其划分为产业渗透、产业交叉和产业重组三种形式②；Richard H. 按照产业融合实现的主体和方式将其划分为技术融合、管制融合、网络融合、企业融合和设备融合等五个维度③；Stieglitz N. 基于产业融合的技术和产品导向，将其分为技术替代、技术互补、产品替代和产品互补四种融合类型④。

产业融合是产业经济发展过程中一个漫长而复杂的过程，涉及不同产业、不同领域、不同部门的协作和利益博弈。在学术界普遍被认同的观点是使产业融合得以形成并发展的核心因素是创新，创新是促进产业融合的本质和精髓，产业融合则是创新的平台和导向。产业融合中的创新除技术创新外还包括管理、市场、商业模式等方面的创新，是行业发展的必然趋势，在不断与其他行业形成渗透与扩散的过程中，为其他行业和企业创造更大的价值。因此，产业融合是在政策导向、技术革新、市场发展等多种因素影响下，不同产业或领域之间为实现更大的经济利益而产生的相互渗透和交叉，经过动态演变使产业边界相互结合直至消失，最终形成适合产业发展的新业态和新的

---

① 厉无畏：《产业融合与产业创新》，《上海管理科学》2002 年第 4 期，第 4~6 页。
② 胡汉辉、邢华：《产业融合理论以及对我国发展信息产业的启示》，《中国工业经济》2003 年第 2 期，第 23~29 页。
③ Richard H. Convergence and Regulation [C] TIO Conference. Melbournce, 2003.
④ Stieglitz N. Industrial Convergence: the Evolution of The Handheld Computers Market Jens Froslev Christensen. Peter Maskeu. The Industrial Dynamics of the New Digital Economy [G]. Edward Elgar Publishing Limited, 2003.

增长点。在一系列外部因素和内在机理的作用之下，现代农业也走向了产业融合发展的道路，其中与服务业的融合尤为突出[①]。

二 现代农业产业融合的发展特征

（一）推动农业可持续发展

传统农业在推进社会发展方面做出了巨大的贡献，但是传统农业为社会带来的矛盾也日益突出，主要表现在能源消耗、环境污染、资源耗费等方面。农业可持续发展逐渐成为农业发展的焦点和共识，是现今全球农业发展的趋势。产业融合为农业可持续发展奠定了基础并提供了可行的思路，以农业为核心整合相关产业资源促进产业融合，实现最大的经济效益和社会效益，是实现农业及经济社会可持续发展的重要渠道。

美、德、法等西方发达国家在农业产业融合和可持续发展的实践领域取得了超前的进展，形成了可以被借鉴的经验。美国针对现代农业中的化学污染问题，提出了以低投入和高效率为发展导向的持续新型农业，充分运用现代高新技术优化农业生产的全过程，借助生物、信息等领域先进技术使管理手段更加科学化，实现农业增产增效[②]。发展现代农业，促进农业与其

[①] 孟晓哲：《现代农业产业融合问题及对策研究》，《中国农机化学报》2014 年第 6 期，第 318～321、第 325 页。

[②] 梁伟军：《农业与相关产业融合发展研究》，华中农业大学博士学位论文，2010。

他产业融合互动有助于更加准确地把握市场需求方向，推动城乡、农工商之间资金、技术、人才、信息流动，从过度依靠物质和人力投入转向更多依靠科技和知识投入，提高农业资源配置效率，化解农业国际竞争力低下难题，实现农业环境友好型发展[①]。

（二）促进农业多功能化发展

农业多功能化发展在一定程度上需要打破产业界限，充分利用相关产业科学技术成果，在经营理念、管理手段和商业模式等方面不断创新，在农业与相关产业融合发展中实现现代农业的多重功能。

第一，保障粮食安全需要农业产业融合。农业增产增效对农业生产的各个环节都提出了一定的客观要求，如良种培育、水土改善、提高单产等，这些都必须以提升现代农业技术为基本条件。现代生物技术及其产业不断融入农业领域，主要表现为技术、产品、业务和市场等系统的产业融合，融合后新型现代农业的出现是其明显体现[②]。

第二，保护生态环境需要农业产业融合。现代农业的产业融合发展对农业的生态环境保护起到促进作用，生态农业着重表现出了农业生产的系统性和整体性，以改进农业产出方式为出发点，力求在农业资源整合、保护生态环境、增强农业发展

---

① 曾福生、匡远配：《发展现代农业促进农业经济发展方式转变》，《科技与经济》2010年第4期，第55~59页。
② 席晓丽：《产业融合视角下的现代农业发展研究》，福建师范大学博士学位论文，2008。

之间实现可持续性。生态农业将生态学的理念、应用生物链的基本原理作为理论基础,进而完善传统农业的产出方式,它既是一种产业融合发展模式也是一种新型现代农业形态,生态农业对节约资源、生态保护有着积极的影响。

第三,保持社会稳定需要农业产业融合。稳定农村社会,发挥农业社会功能的基本要求除了增加农业产量、改善农民就业问题之外,还有提高农民收入、建立健全农村社会保障体系等。现代农业产业融合不仅可以增加农民非农产业就业机会、提高农民收入,还可以增加农业产量积累社会保障资金来源。要想达成以上目标,必须在充分利用现代产业发展成果,整合产业资源的同时拓宽农业与相关产业融合中农业发展空间,使农业产业具有更大的竞争力。

第四,传承农业文明需要农业产业融合。现代农业的主要发展路径之一是产业融合,而产业融合为农业文化功能发挥和传承提供了有效的平台。现代农业与旅游业融合发展,促进农业文化和旅游文化相互结合与升华,将传统农业资源、生产方式、生产环境及生产习俗作为旅游产品展示给顾客,进而形成一种新的农业旅游文化,也搭建了传承现代农业文明的重要平台。农业旅游业的成功在于准确把握了农业和旅游业的最佳融合点,不仅有助于农业产业结构优化以及农业综合产业效益增加,而且还有利于农民增收增效,这也是对农业文化、教育功能的发挥[①]。

---

① 李俊岭:《我国多功能农业发展研究——基于产业融合的研究》,《农业经济问题》2009年第3期,第4~7页。

（三）推广农村农业信息化

通过采用农业信息技术对农业生产经营活动进行信息采集、分析处理和结果输出，利用结果来指导农业生产经营决策，这不仅使农业生产产生了变革，也使经营管理方式发生了改变，进而阐释出农业信息化发展趋势。信息技术的发展不仅在信息收集、整理、分析和应用等方面减少了农业发展的不确定性，而且对改造传统农业和发展现代农业同样产生了深刻的影响。所以，为了提升农业发展质量和增加农业发展效益，必须要注重将信息技术应用在农业领域，实现农业信息化。当前，一些西方发达国家的农业信息技术已经进入产业化发展阶段。如美国已经在农情监测与产量估算等一些方面领先于其他国家[1]。在美国，用户可以通过使用手机、电视或计算机等电子终端设备，实现网络信息资源的共享。之所以能够享受到农业信息技术带来的便利是因为美国政府连续拨款，建立农业信息网络并且广泛宣传在线应用，现已建成全球最大的农业计算机网络应用系统。

农业信息化的发展对农业与信息产业融合起着很大的促进作用。农业信息化有很多表现形式，它表现在现代信息技术向农业领域的全面渗透，为农业和信息产业建立共同的技术基础，不仅如此，它还表现在产品、业务和市场融合，从而使信息农

---

[1] 张世英：《现代农行业与农业现代化概念辨析》，《城市建设理论研究》2015 年第 12 期，第 79~80 页。

业逐渐成为现代农业发展必不可挡的趋势。

三 产业融合对现代农业的影响

现代农业发展包含着很多必要因素,如人才、技术、资金、土地、制度创新等。产业融合为现代农业发展带来了很多积极的影响,既拓宽了农业新领域,促使其形成新的产业,又推动了农业生产要素的重新配置。

第一,产业融合促使专业人才进入农业行业。产业的融合以及农业产业链条的延伸会使中间产品和最终产品越来越多,产业融合在拓宽就业渠道的同时也使农业的职业种类、数量不断增多。因此,会有越来越多的农村大学生和在城市技术人员选择从事农业领域的管理和技术工作。我们可以看到,农业产业融合和社会化大生产的出现,帮助农民从农业产业化经营中取得巨大的利益,如规模效益、加工增值效益、利润分红效益以及生产务工效益。

第二,产业融合促使资本回流农业、城市资本进入农村。产业融合对农业经济功能进行了延伸,直接导致了传统农业转向现代农业、低效农业转向高效农业。资本回流、城市资本进入农村的原因有很多,首先,资金的趋利性使其转向于高效益产业,其次,产业融合的可行性、高效性使得资金大量投入。

第三,产业融合有利于传统农业与高新技术的结合。渗透力、倍增性是高新技术的主要特征，在高新技术渗透到传统产业并且与其融合的过程中，可以有力地促进产业的发展。传统产业产品的生产特点、市场竞争以及增值空间也因为高新技术融入传统产业受到影响和改变，更为重要的是，高新技术融入传统产业除了提高产业的核心竞争能力外，还能促使传统产业的效率提高。

第二节　现代农业的产业融合

一　现代农业的产业融合领域

（一）旅游产业

随着居民生活水平的整体提高，消费者对旅游产品的需求也呈现多样化。为适应消费者日益提升的消费需求，依靠农业资源为旅游者提供农业旅游产品和服务的农业旅游应运而生，现代农业与旅游业的融合也得以迅速发展。纵观全球，我国农业旅游仍处于起步阶段。农业旅游的产生是旅游产业发展的一个突破，通过近距离的视觉感受和参与农业生产活动，让远离乡村的人们重新感受质朴的农村情怀，让久居城市的人们拥抱大自然，感受自然的气息，同时还会增强全社会的环保意识。发展农业旅游可以为农户引进先进的生产技术和科学的管理经验，在对土地精细化管理实践中取得创新，直接提高生产效率，获得更好的经济效益。同时，农业旅游还可以带动餐饮、物流、交通、包装等相关产业的发展。农业旅游是农业与旅游业的相互渗透融合，从客观上讲为现代农业添加了生机，为旅游产业丰富了内涵；主观上则实现了旅游产业向现代农业领域的延伸，具有更为重要的意义。因此，现代农业旅游是一种富含创新活力的农业服务产业。

农业旅游是顺应产业经济发展高度化，基于现代农业领域转型升级而实现的一次产业创新，作为一种新型产业形态在农业、旅游业以及相关产业发挥渗透和扩散效应，优化区域产业结构。现代农业旅游产业使传统农业与新兴服务业之间的产业界限变得模糊，逐渐渗透、扩散并达到融合，这不仅对朝阳产业发展空间以及产业内涵产生了积极影响，也对传统产业的发展起到很大帮助，如改造传统产业的产业结构，提升价值创造能力，促进产业能力提升。作为农业服务业，现代农业旅游也是现代服务业发展的一个重要领域，大大促进了现代服务业的发展。西方发达国家将服务业作为经济发展的重心可以追溯到半个世纪以前，依靠服务业不仅在推动就业和经济增长方面发挥了至关重要的作用，也很好地促进了产业结构的优化升级。旅游业与农业产业部门结合后，在为最终消费提供服务的基础之上，又增加了生产性服务的属性[1]。

---

[1] 张文建、陈琳：《产业融合框架下的农业旅游新内涵与新形态》，《旅游论坛》2009年第5期，第704~708、第716页。

（二）生态产业

在经济技术开发、高新技术产业开发发展的基础上，又出现了作为第三代产业的生态产业。生态产业是一个有机整体，主要包括工业、农业、居民区等的生态环境以及生存状况。在传统农业的发展过程中土地生产率较低，主要原因是传统农业在物质、能量方面形成了"低消耗、低投入、低产出的半封闭式"的内部循环机制。随着石油农业的出现，农业发展也进入了高投入、高产出的开放式循环时代，在很大程度上促进了社会经济发展。不可忽视的是，这也产生了一系列问题，如能耗过高、自然资源枯竭、生态环境恶化等，为此科学家开始寻找替代农业模式来解决这些问题。人们运用生态学原理提出了有机农业、生态农业等各种可持续农业发展模式。

生态农业与农业内部各产业相比有着很大的不同，农业内部各产业是一种传统的、相互独立的产出方式，而生态农业却是一种可持续性的农业发展模式。它通过利用生产过程中产业之间的物质循环关系，强调农业产出的融合性，对发挥农业生态系统的整体功能给予高度重视。生态农业以保持生态平衡为基础，通过生产安全干净的食品从而使综合经济效益和生态效应最大化，体现了产业融合的复合经济效应[1]。我国的生态农业，按照同一生产部门中不同物种或不同生产过程的组合、不

---

[1] 姜睿清：《基于产业融合的江西农业产业结构优化研究》，南昌大学博士学位论文，2013。

同生产部门中不同物种和不同生产过程的组合、不同尺度的生态农业的系统、不同生态系统中的农业生态系统和农－工复合系统与能源系统划分，具有众多不同的类型和模式，见表2－1。

表2－1 中国生态农业类型和模式

种类	主要类型	主要模式
同一生产部门中不同物种或不同生产过程的组合	作物轮作间作与套种	粮－饲作物轮作，粮－蔬作物轮作；粮－粮套种，粮－林粮套种等
	水体中的复合养殖	水体中鱼类混养，湖泊中复合水产养殖
	混合造林	油松人工混合林系统，杉木－云杉混合间作等
不同生产部门中不同物种和不同生产过程的组合	农－林系统	桐－粮间作系统，杉－粮间作系统，杨－粮间作系统等
	林－药间作系统	林－药间作系统，松－杉间作系统，黄连－松－杉间作系统，泡桐－芍药间作系统等
	经济林－多用途林间作系统	枣－粮间作系统，桑农复合系统，灌木－作物间作系统等
	植物－动物共生系统	桐－茶间作系统，林－蛙共生系统，茶－乌桕间作系统等
不同尺度的生态农业的系统	农户庭院生态系统	现代生态技术应用型，城郊农家乐带动型，民俗文化依托型等
	生态村	
	生态县	
	防护林系统	"三北"、长江、中原防护林等
不同生态系统中的农业生态系统	山地生态农业系统	丘陵山地小流域综合治理，坡地等高种植模式
	湿地生态农业系统	桑基鱼塘等
	旱地生态农业系统	绿洲农业系统，旱地集雨系统，节水生态工程等
农－工复合系统与能源系统	农－工复合系统	玉米多集利用生态工程，城市废水处理的土壤－植物系统
	能源的多层多级利用	可再生能源综合利用系统，生物质能利用生态农业系统

（三）高新技术产业

科技创新是引导经济飞速发展的核心力量，高新技术与现代农业的融合对推动农业发展具有深远的意义，生物和信息领域的高新技术推动现代农业进入了一个新的历史发展阶段，带动现代农业的生产经营方式展开了一次根本性的革新。我国是农业大国，但是由于经济和科技发展的历史因素导致中国较西方发达国家的农业高新技术发展相对滞后。我国的高新技术在现代农业领域结合本土特点培育了一批专业人才，取得了一些科研成果。随着大数据技术在各个领域的普及，越来越多的现代信息技术，如数据交换、"互联网+"、卫星定位、移动通信等融合于现代农业领域，对现代农业的规范化管理、科学化经营和规模化生产都起到十分重要的作用。近些年，纳米技术也逐渐被应用到现代农业的各个领域中，这将引领新一轮高新技术革命。高新技术的应用对现代农业发展起到很大帮助，在降低生产成本的同时还增加了生产效益，并在此基础上，通过农业创新发展有机农业和绿色环保农产品，在很大程度上提高了社会效益[①]。

（四）金融服务业

伴随着科技的进步，现代农业的发展水平逐渐提高，带动着农业以及相关产业飞速发展，随之而来的是对不同的领域产

---

① 姜睿清：《基于产业融合的江西农业产业结构优化研究》，南昌大学博士学位论文，2013。

生各种需求，如领先的技术需求、先进的设备需求、生产经营环境需求等。现代农业对金融的需求愈加旺盛，同时对金融服务也提出了更高的要求。金融服务业为现代农业源源不断地注入活力，支撑现代农业持续发展，金融服务业的融合必将加速推进现代农业的产业化、规模化发展。现代农业与其他行业一样依靠金融服务为企业、农户等行业主体提供信贷等资金支持，提高行业整体专业技术水平、管理水平和经营规模；依靠保险公司为现代农业发展主体分担部分经营风险，为企业主、员工、农民等利益主体提供基本的养老保险和医疗保险，促进现代农业的集约化经营。金融服务与现代农业融合发展培育了农村金融行业，并为其发展创造了广阔的空间。结合现代农业发展的实际需求，创新农业金融产品，完善农业金融体系，优化农村金融机构，推进完善现代农业金融相关的产业、财税、社保等政策的制定和实施，加速现代农业生产的市场化、产业化，共同促进现代农业的发展[1]。

（五）物流服务业

物流服务业是现代农业发展的根本保障，农业物流是现代农业与物流业融合在一起的新型行业，是以农产品生产、加工、经营为基础发生的一系列物流活动，完成农产品生产环节、存储环节、加工环节、包装环节、运输环节等全部流通过程。农

---

[1] 孟晓哲：《现代农业产业融合问题及对策研究》，《中国农机化学报》2014年第6期，第318～321、第325页。

业物流的出现优化了传统农业的生产流通方式,将农产品流通环节作为农业生产经营的重点,生产环节为流通环节的需求服务,引导现代农业和物流资源的有效配置。随着农业物流的快速发展,一批生产性和生活性农业物流园的产生组成了农业物流网络的重要节点,促进了现代农业和物流业的有效结合,是集农产品加工、托运、结算、集散、仓储、交易、电商、信息交流等功能的一站式服务平台,促进农产品的快速流通和转化增值,对推进农业生产和流通发展具有深远意义[①]。近年来,我国现代农业物流发展迅速,与之配套的科学研究和人力、物力、财力投入相对脱节,适合我国国情发展的理论体系尚没有形成,生产、运营、实践中各个环节的投入也相对薄弱,时常会出现大批优质农产品滞销、滞流的状况,导致农产品增值增效不佳。农业和物流业的融合为现代农业发展带来了新的生机,提高了农产品流通速度,加固了资金流通保障。加速农业物流服务的发展,畅通农产品流通渠道,构建并完善了现代农业流通系统,发掘农产品的附加值,不断加强现代农业高生产率的优势,提升现代农业的核心竞争力。

二 现代农业的产业融合功能

农业的基本功能是为全社会提供解决人们生存、生产、生

---

① 刘明菲、周梦华:《农业物流园服务能力的区域差异性与模式选择》,《华中农业大学学报》(社会科学版)2011年第6期,第29~35页。

活所必需的农产品，长久以来在国民经济社会中发挥着最大的社会作用。然而，随着全民经济条件的改善，人们对物质的需求逐步提升，农业发展的经济作用则愈加凸显，现代农业的环境保护功能和文化传承功能也日益突出。从现代农业的发展历程及社会作用来看，我国的现代农业具有食物安全、经济、社会、文化、生态等主要功能。

第一，食物安全功能。要想保证国家食物安全即国内食物生产保持一定水平，同时还要保证粮食供给略大于需求，以此来确保最基本的供应。所提供的食物要考虑到健康和价格两个因素，食物包含很多种类，如粮食、食用油、肉、蛋、奶等，其中粮食是食物的核心。当前我国人口大多数是农民，他们大都自给自足，所以确保一定规模的商品性生产是食物安全的重要环节。

第二，经济功能。经济功能主要由要素贡献和区域贡献两方面构成。要素贡献方面，农业可以进行原料和终端产品的生产和加工，也可以生产生物质能源、生物质材料以及生物质药品等各种资源。除此之外，农副产品也可以作为食品加工、酿酒、油脂、纺织、皮革等轻工产业的原料，在原材料方面提供强有力的保障也有利于国家的工业发展。更为重要的是，化石能源正越来越多地被生产生物质能源、生物质材料（如燃料酒精）替代，这在缓解能源危机的同时也有助于将初级农产品转化增值。区域贡献方面，区域经济发展的基础是农业，在区域发展的初期，一直把农业作为区域经济的核心，随着区域发展不断走向成熟，农业在区域发展中的价值也有所下降。尽管如此，农业对维护区域多样性和稳定性发挥着无以取代的作用，在进入城乡一体化的区域发展阶段后，这种作用愈加突出。从我国的人口、资源状况不难看出，区域农产品的商品生产能力既是粮食供给功能的核心也是工业原材料和生物能源供给功能的核心。

第三，社会功能。社会功能包含就业和社会保障。由于我国人口数量十分庞大，所以加剧了就业和社会保障压力。从长远的角度看，在工业化和城市化不断发展的前提下，我国要想更好地发展，应该将农村人口和农业劳动力逐渐转移到城市和非农产业，这也是解决"三农"问题的必然选择。与此同时，我们还应注意到我国农村人口数量庞大，城市和工业吸纳农村人口以及农业劳动力的能力有限等诸多问题。因此，在未来很长一段时间内依然需要由农业提供就业，可在一定程度上减轻社会就业压力。维持农村社区稳定离不开社会保障，农业可以在很大程度上容纳隐性失业，由非农产业发展波动引起的就业问题可以通过大量兼业型农户缓解。当前我国农民人口占全国人口的70%，属于发展中国家，与发达国家相比经济实力尚有差距，社会保障水平有待提升，在向农民提供充足的社会保障方面存在着严峻的考验。对一些人口众多的农村社区来讲，政府及商业机构在保障养老、医疗卫生、救灾、扶贫等方面存在很大难度，还要借助农业和土地来解决问题。即使在发达国家，提供社会保障也离不开农业的支持，如法国出租土地的收入依然可以作为农业退休人员的重要保障。

第四，文化功能。农业是一种人类与自然直接接触的经济活动，人们通过参观或参与农业活动能够得到休闲，也能够获取审美和教育的效果，人们不仅获到身心健康还建立了与自然和谐发展的价值观。通过与自然长期协调发展以及适应各地不一样的自然环境，人们创造出了各具特色的农业系统。在各种各样的农业生产活动基础上，很多地方产生了具有多样性价值的独特景观，也成为人类文化有形遗产的一部分。随着市场和全球化的压力逐渐增大，现代农业的发展越来越缺乏地域特色和多样性。人类文化多样性丧失的威胁使得农业遗产保存功能变得十分重要。与此同时，少数民族文化的保存有着非常重要的意义。

第五，生态功能。保证一定数量的植被覆盖是农业用地的主要形式，这与人类其他土地利用方式有着很大区别。它包含农业景观以及各种生态影响，如水土保持、补充地下水、保证生物多样性、减轻气候变化、防治荒漠化、减少水污染、保护野生动物栖息地、控制洪水、提供农业景观、避免城市拥挤。农业生态功能主要有两种表现形式，对环境产生积极的影响是其中一个表现形式，如通过对土壤和植物进行管理以此来减少污染，通过多种作物轮作和施加肥料来使生物量和养分固定量增加以及通过对土壤侵蚀技术进行控制来增加生态系统弹性等；另外一种表现形式为减轻对环境和生态及自然资源的消极影响，如减少农用化学品的使用量、运用节水灌溉和免耕技术来缓解其带来的消极影响，农用化学品的影响主要有化学品污染、水土流失、土壤结构破坏以及动物栖息地减少。

三 现代农业的产业融合路径

按照现代农业产业融合方式划分，产业融合路径可分为渗透融合、整合融合、交叉融合和综合融合四类。

（一）渗透融合

现代科学技术对农业的渗透融合过程也可理解为现代农业技术创新以及建立新的农业生产力系统的过程。农业生产力系统不仅包含农业劳动者还包含生产工具和劳动对象，为了使农业生产力不断提高，现代科学技术可以有很多途径来达到目标，如提高农业劳动者素质、完善农业生产工具以及扩大农业劳动对象的范围。农业劳动者素质的提升是现代科学技术在农业中广泛应用的一个重要条件和结果。另外，随着农业技术不断进步，新的农业生产工具也随之出现并不断改善。现代农业技术的进步也提升了劳动对象的品质、扩大了劳动对象的范围，同时发掘和利用了自然资源。现代农业科学技术不但优化了农业劳动资料、农业劳动对象以及农业劳动者的素质，而且有利于整个生产力系统渗透、凝聚、调度、组合和控制，使三者在新的水平上完成有机结合与更完美的配置，进而提升整个农业生产力系统，它是生产力中最活跃并且起着决定作用的因素①。现代农业领域的渗透型融合主要有现代信息技术渗透融合、生物技术渗透融合以及航天技术渗透融合等，高新技术通过渗透以及扩散到农业领域，从而促进农业生产方式和经营管理方式的变革，生物农业、信息农业和太空农业就是在此基础上形成的典型农业新形态②。

（二）整合融合

整合型产业融合是为了更好地适应产业的增长，通过将其他产业的功能和业务与本产业的内部体系进行融合，促使本产业和外部产业发生重合与交叉，进而催生出新的产业或新的经济增长点，这种融合是将产业外的经济活动融入本产业边界以内，突出强调产业间分工在同一产业的内部化③。农业领域的整合融合也有其固有的特点，它运用生物链原理，在农业内部种植、养殖、畜牧等子产业之间建立起产业上下游的相互联系，从而使农业的生态保护功能得以发挥，生态农业是整合融合的典型业态④。为了实现农业的可持续性发展，必须要做到整合农业资源，不断发展现代农业生产经营模式，从而形成节约农业

---

① 叶璇：《论城镇农业劳动者在农业发展中的作用》，《云南社会主义学院学报》2014年第2期，第420页。
② 赵芝俊、包月红：《农业的多业态发展与我国现代农业建设》，《农业技术经济》2013年第12期，第125~128页。
③ 苏毅清、游玉婷、王志刚：《农村一二三产业融合发展：理论探讨、现状分析与对策建议》，《中国软科学》2016年第8期，第17~28页。
④ 梁伟军、王昕坤：《农业产业融合农业成长的摇篮》，《北京农业》2013年第32期，第4~6页。

资源，保护生态环境的物质流动方式。现代生产经营模式的形成和发展，是在整合传统农业资源的基础上将种养殖业与其他涉农产业的发展联系在一起，进而产生协同效应。建立"资源－产品－废弃物－再生资源"的现代农业物质循环流动方式以及发展资源节约、环境友好型的生态农业是农业资源整合的终极目标[①]。

目前，解决"三农"问题的实质是促进农业农村的可持续发展，增加农民的收入。而有效整合当前农业产业各类资源，促进农业产业内部各子产业的协调发展，对实现这一目标有着很大的帮助[②]。

（三）交叉融合

交叉融合，指的是推动农业与旅游业交叉融合发展，换而言之，就是把旅游设施、旅游业务、经营理念与农村的自然景观资源结合起来，从而实现一种产业交叉融合，发挥农业的休闲娱乐功能，增加农业增值环节，扩大农业的横向增值空间，提高产业竞争力，使农业的多功能性更好地得以发挥，将休闲、服务理念植入农业生产经营活动中。交叉融合中最为典型也最为普遍的是农业与休闲旅游业之间的融合；同时，它也是旅游农业（如乡村旅游、休闲农业、观光农业等）萌芽和出现的产业内在机理。所以，旅游农业可以作为对农业与其他产业的交

[①] 梁伟军：《交易成本理论视角的现代农业产业融合发展机制研究》，《改革与战略》2010年第10期，第87~90页。
[②] 段海波、曾福生：《农业与相关产业融合的基本类型及促进措施》，《湖南农业科学》2014年第10期，第67~69页。

叉融合研究的典型代表①。

现代农业发展方式的转变，生产经营模式的调整，农业产业结构的优化升级，对农业文明及农业文化传播的使命，都需要不断推进农业领域的交叉融合。以农业与第三产业的融合为契机，探索农业与其他产业相结合的科学模式，形成富有生命力的新型农业发展形态，发挥现代农业的多功能性②。

（四）综合融合

综合融合是指将现代工程技术、生物技术以及信息技术等技术成果综合运用起来，从而尽可能地摆脱自然条件对农业生产经营活动的约束，在相对可以控制的环境条件下，实现农业的周年性、全天候、反季节的企业化生产，其典型业态是工厂化农业③。

工厂化农业主要是运用成套设施或综合技术，在保证种养业生产利用自然环境的条件下，完成周年性、全天候以及反季节的企业化规模生产。工厂化农业主要具备五个方面的特征：工业化生产的产业特征，通过使设施装备、生产手段、生产过程以及组织与管理方式达到工业化，从而促进农业产品在可控环境下达到预定的标准生产过程；以现代科学技术为支撑的特征，以现代科

---

① 梁伟军、易法海：《中国现代农业发展路径的产业融合理论解释》，《江西农业大学学报》（社会科学版）2009年第4期，第43~47页。
② 郭晓杰：《现代农村视域下的三次产业融合发展模式及路径分析》，《商业时代》2014年第5期，第122~124页。
③ 赵建华、赵晓铭：《产业融合背景下我国现代农业产业集群发展策略研究——基于钻石模型的实证分析》，《现代农业科技》2017年第5期，第247~248+252页。

学技术为支撑、建立在现代农业科学技术基础之上的现代化农业;市场化、商品化特征,要坚持以市场为导向以及生产的持续性、高效性和商品化,这样才能满足社会对高品质农产品的需求;社会化大生产的特征,工厂化农业带动了相关产业的形成和发展,进而形成与工厂化农业相关联的产业群体和社会性的服务体系;社会、经济、生态效益的统一性特征,通过向市场提供安全食品,从而满足城乡居民对农产品的市场需求,同时也为生产者带来了理想的经济效益。除此之外,工厂化农业也提高了企业、农民、社会的收入和积累,促使经济、社会、生态效益形成一个有机的整体。我国应该坚持走发展现代农业的道路,努力提高农产品的单位面积产量和产值,提高农产品的品质和生产的劳动效率。我国发展现代农业,实现农业现代化离不开工厂化农业的支持与发展[1]。

第三节 天津现代农业产业融合发展环境分析

一 政治环境

（一）重大战略规划拓展了产业融合的发展空间

《天津市国民经济和社会发展第十三个五年规划纲要》指

---

[1] 高翔、李骅:《我国工厂化农业的现状与发展对策分析》,《中国农机化》2007年第12期,第5~7页。

出：优化发展现代都市型农业，加快转变农业发展方式，推动农业结构调整，提升农业科技水平，创新农业经营方式，保障农产品质量安全，增强基础设施支撑能力。促进产业融合发展，依托雄厚的制造业基础，构建网络化、智能化、服务化、协同化的产业生态体系。推进新一代信息技术在农业生产经营中的应用，开展电子商务进农村综合示范，促进农业"接二连三"融合发展，大力发展农产品精深加工和营销配送，拓展观光农业、体验农业和创意农业等新业态，推进农业由单一生产型向生产、生活和生态型多功能转变。《纲要》对现代农业发展的规划基于产业融合对产业结构、科技创新和生产经营方式提出了新的要求和目标，为现代农业产业融合指明了方向。

"一带一路"倡议和"京津冀协同发展"战略实施，以及雄安新区的设立，为现代农业发展搭建了广阔的平台，同时也提出了新的要求，要顺应国家重大发展战略，大力推进现代农业产业融合创新，争取更大的发展空间。已经连续颁布了14年的中央1号文件，在近几年均提出了加强现代农业的产业融合，培育新产业新业态，为现代农业产业融合指明了发展方向。另外，天津市美丽乡村建设不仅是争创全国文明城市建设的一个重要领域，也是现代农业产业融合发展的一个新的展示平台。

（二）现代农业建设为产业融合确立了发展方向

党的十八大以来，天津市深入贯彻中共中央关于"三农"

工作的重大战略部署，积极推动农业供给侧结构性改革，紧紧围绕建设京津冀绿色高档特色"菜篮子"产品供给区、农业高新技术产业示范区、农产品物流中心区的"三区"定位，加快发展现代农业并取得显著成效①。天津市政府与农业部签署合作框架协议，双方在深化农业供给侧结构性改革、加快推进京津冀农业协同发展等方面达成协议，在发展现代农业方面取得进展。从2015年开始，天津市在保证完成国家要求的粮食生产任务的基础上进行农业结构调整，即减粮、增菜、增林果、增水产品，简称"一减三增"，到2017年，用三年时间调减100万亩粮食种植面积②。

天津市先后出台了《关于推进城乡一体化发展战略加快社会主义新农村建设的实施意见》《关于推进滨海农业科技园区建设工作的实施意见》《天津市现代农业示范园管理办法》等一系列重要文件，鼓励扶持种源、设施、农产品加工、安全健康、观光、外向等农业产业，促使天津市现代农业走在全国前列③。在各种政策措施的指导下，天津市现代农业蓬勃发展，在农业科技创新、资源高效利用、产业链延伸和功能拓展等方面取得了很大进展。

---

① 《天津发展现代都市型农业成效显著》，《天津日报》，http://www.agri.cn/V20/ZX/qgxxlb_1/tj/201704/t20170404_5549214.htm，2017-04-04。
② 《天津发展现代都市型农业成效显著》，《天津日报》，http://www.agri.cn/V20/ZX/qgxxlb_1/tj/201704/t20170404_5549214.htm，2017-04-04。
③ 史佳林、张蕾、贾凤伶：《天津休闲农业产业升级动力机制与关键领域》，《江苏农业科学》2014年第6期，第447~450页。

第二章 产业融合与现代农业

（三） 城乡统筹发展为产业融合明确了发展体制

统筹城乡发展战略的制定与实施，从体制上打破了长期以来城乡二元经济对资源配置在城乡、工农、区域之间的人为分割，将农业的发展纳入国民经济产业体系当中，消除了农业与工业等相关产业融合发展的体制性障碍，有利于农业与相关产业的资源共享、交叉融合发展，有利于提高资源利用效率和市场竞争力，为农业的产业发展拓展空间。天津市大力施行城乡一体化发展战略，将统筹滨海新区龙头带动、中心城区全面提升、各区加快发展3个层面联动协调发展，并提出了新的决策部署：推进农村居住社区、示范工业园区、农业产业园区统筹联动协调发展。此外，天津探索出以宅基地换房加快小城镇建设的新模式，为农村城市化建设进程提供了动力。通过一系列政策举措促使农业用地不断集中，农业用地使用权逐步流转，从而为农业统筹规划和规模化生产打下坚实的基础。在此环境下，农业与工业和商贸服务业的关联方式发生了实质性的转变，不再是单纯提供原材料与农副食品，而是更多地提供绿色生态、休闲空间和生活服务，城乡之间、工农之间的联系与融合也日趋紧密。更为重要的是，在农业发展中导入工业的理念和运行方式，即农业工业化，从而在农业发展方式的转变、农业结构调整和农业功能的拓展等方面起到积极作用。在此基础上，现代农业作为一种高端新型农业的作用愈加显著[①]。

[①] 史佳林、张蕾、贾凤伶：《天津休闲农业产业升级动力机制与关键领域》，《江苏农业科学》2014年第6期，第447~450页。

二 经济环境

（一）天津市农业发展现状

在京津冀协同发展战略背景下，天津市的产业结构正在逐步实现现代化、合理化调整。2016年，天津市全年全市生产总值（GDP）17885.39亿元，其中，第一产业增加值220.22亿元，三次产业结构为1.2∶44.8∶54.0[①]。

天津市农业产业结构为城郊型农业、种植业、养殖业三位一体，分配合理，布局良好。北部蓟州山地丘陵和山前洪积冲积平原区，农业产品主要分布为粮食作物、果林、畜牧产品。涌现出了中法合营王朝葡萄酿酒有限公司、天津科润农业科技股份有限公司、天津天立独流老醋股份有限公司、天津宝迪有限公司、天津优质小站稻开发公司等一批优秀龙头农副产品加工、制造企业。培育了王朝葡萄酒、天津黄瓜系列良种、天津大银鱼、优质小站稻、天立独流老醋等一批名满全国、享誉国外的农业品牌产品。建成华北地区以设施化、园区化生产为主要特色的蔬菜、畜产品、水产品等新型农产品生产基地。宝坻、武清和蓟州区被列为国家农村产业融合发展试点示范区。重点打造蓟州乡村旅游、武清运河休闲旅游带、宝

---

① 《2016年天津市国民经济和社会发展统计公报》，天津统计信息网，http://stats-tj.gov.cn/Item/26706.aspx，2017-03-03。

坻潮白河休闲观光廊道等，全市休闲农业直接从业人员超过6.7万人[①]。

天津现有常用耕地面积485600公顷，林地面积34227公顷，水域315089公顷。天津市农业总产值结构以种植业为主导，近6年所占比例均超过50%，其次是牧业和渔业，见表2-2。

表2-2 2011~2016年天津市农业总产值结构

单位：亿元

年份	合计	种植业	林业	牧业	渔业	农林牧渔业
2011	349.48	179.87	2.46	98.52	58.61	10.03
2012	375.63	195.99	2.79	105.01	61.66	10.18
2013	412.36	217.16	3.09	108.63	73.20	10.28
2014	441.69	230.78	3.20	117.59	79.43	10.69
2015	467.44	240.74	7.74	130.23	77.65	11.08
2016	494.44	247.49	8.35	140.85	85.80	11.95

资料来源：《天津市统计公报》(2011~2016)。

静海、宁河、蓟州、宝坻和武清是天津市农业产品主要产地，蓟州、宝坻和武清是粮食主产地；肉类以宁河偏高，其他区比较均衡；水产品主要产自宁河、滨海和武清；蔬菜以偏离市区的静海、宁河、蓟州、宝坻、西青和武清等区为主产地。2011~2016年天津市农产品产量见表2-3。

[①]《2016年天津市国民经济和社会发展统计公报》，天津统计信息网，http://stats-tj.gov.cn/Item/26706.aspx，2017-03-03。

表 2-3 2011~2016 年天津市农产品产量

单位：万吨

年份	粮食	肉类	水产品	蔬菜
2011	161.83	42.92	35.21	431.30
2012	161.76	45.80	36.50	447.70
2013	174.71	46.48	39.86	455.06
2014	175.95	46.44	40.80	460.20
2015	181.75	45.7	40.12	441.54
2016	196.37	44.35	40.18	453.36

资料来源：《天津市统计公报》（2011~2016），《天津经济统计年鉴（2016）》。

在天津市现有农业产品中，蔬菜产品产量最多、比重最大，居民对农产品的消费高度依存外省市的供应，大量食品类新增消费来源于外省市。天津农贸行业在本地农产品内销、外销工作的基础上，还需从周边省市，如河北、山东以及东北三省等地引入农产品供应商，以满足天津城市居民对农产品的日常需求，在此过程中，流通渠道的作用就得到彰显。

（二）农产品质量安全水平不断提高

天津市农产品质量安全管理工作在全国属领先地位，1990年被划入全国首批重点开发绿色食品的区域，2001年被列入"全国无公害食品行动计划"首批四个试点城市之一。经过多年的努力，天津农村经济在以下方面取得了显著成效：农业结构不断优化，区域特色初步形成，农产品产量和质量持续提高，土地产出率稳步提高，农业和农村经济稳定增长，农民收入不断增加，出口创汇能力逐步增强。这些特征和成就为天津现代农业发展打下了良好的经济基础。

（三）城乡市场需求改变

城乡居民生活方式的转变为现代农业产业升级创造了条件。城市化的推进使得城市人口不断增多，城市居民面临着来自城市环境、工作、生活等压力，欣赏田园自然风光的需求逐渐强烈，这带动了休闲观光农业的发展。研究表明，人均GDP达到6000美元时，到农村休闲观光是一种生活需求而非一种时尚，不仅可以旅游观光、休闲度假，还能了解农业知识，体验农耕文明。天津市2016年全年全市居民人均可支配收入34074元，全市居民人均支出26129元，其中文化娱乐支出增长14.7%。城乡居民消费结构的变化，为农业产业融合提供了美好的市场前景，城乡居民收入水平得到明显提升，生活正在全面迈向小康。居民对农业物质产品消费质量要求不断提高，对农业精神产品消费的需求日趋上升，这就在客观上要求革新农业发展模式，即农业发展不再是利用单一农业资源这一传统思维，更需与相关产业的技术成果、经营理念、管理模式等相结合，力求农业物质产品在与产业融合过程中更加高产、优质、高效、环保，从而提供更加优质的农产品。

三 社会环境

中国是世界上人口最多的发展中国家，农业人口占总人口的一半以上。进入21世纪，中国面临的发展形势十分严峻，从发展任务来看，不仅需要完成工业化的任务，还要完成信息化的任务；从发展条件来看，我国面临促进经济发展和节约资源、保护环境的双重压力。建设生态文明是实践科学发展观的基本要求，建设资源节约型、环境友好型的"两型"社会是生态文明建设的重要目标。这意味着中国发展战略发生了重大变化，即不再以浪费资源、破坏生态环境为代价来片面追求经济增长，而是转向以节约资源、保护生态环境为原则的集约型发展模式，即追求全面发展。

近几年来，天津农业可持续发展取得了很大的进步，体现了绿色、集约、高效和多功能的特征，天津的现代农业将现代种业、农业设施化、农业信息化、农产品流通加工、休闲观光农业融合为一体，其发展水平已经处于领先地位，这也为天津经济可持续发展打下了坚实的基础。优势农产品产量稳步增加，主要农产品人均占有量在京津沪均位于首位，农业科技创新推广能力取得明显进步，有力提升了农业现代化水平。休闲农业、节庆农业、会展农业等新兴业态越来越壮大。农业生态化生产方式得到普遍应用，农业发展向现代高效节水型方向发展，农业用水总量和比重双降的目标都有了一定成效。但在经济新常态下，由于受到生态环境和资源的约束，天津农业可持续发展依旧面临严峻考验。因此，当前和今后一段时间内，天津农业发展将以调整优化农业结构和布局、提升农业经济运行质量、实现农业可持续发展等作为基本思路和方向。

四 科技环境

现代农业实现产业升级与科技有着紧密的关系，必须走科技支撑、创新发展的升级道路。当前，天津在自主创新、成果转化与技术服务三个层次取得了突破性进展，黄瓜育种、盐碱地绿化等农业高新技术领域在国内仍处于领先水平。

（一）现代农产品品种不断更新

产品是现代农业的核心和载体，休闲产品的不断更新和品质提升是现代农业产业升级最终表现。目前，天津市在各类鲜活农产品、初级加工农产品、农事参与体验产品、文化创意产品以及节庆活动产品等方面已初具规模，其中，以实物、体验为核心的产品占主导地位。以科技支撑引领现代农业产品更新，将科技理念和手段与现代农业产品开发相结合，建立具有高科技含量和高附加值的产品体系，如以农作物新品种为核心的珍奇产品、高品质精深加工农产品、科技成果展示型产品、科普教育互动产品以及各类个人定制产品等[1]。

（二）农业科技支撑力度显著增强

天津市科研院校较多，依据这一资源优势，天津大力发展

---

[1] 史佳林、张蕾、贾凤伶：《天津休闲农业产业升级动力机制与关键领域》，《江苏农业科学》2014年第6期，第447~450页。

种业和生物农业等农业高新技术产业，因此形成了很多优势品种，如杂交粳稻、黄瓜、菜花、生猪、肉羊、河蟹等，生物农业产值和生产规模不断增加且在全国处于领先地位。不断促进农业新技术、新品种推广，着重推广了"杂交芹菜""澳洲白绵羊""花鲈成鱼健康养殖"等一批农业新技术、新品种，组建了一批农业科技示范户，建成了粳稻、芹菜杂交育种，农机信息化应用、冷水鱼养殖等示范基地。黄瓜品种在全国所占比重极高，达80%以上，菜花品种在北方市场占有率达到60%；自主培育的"天河"牌种猪销往全国30多个地区，杜泊种羊在全国市场占有率也已经接近20%。

当前，天津市初步建立了四个产业技术体系，包括生猪、蔬菜、奶牛、水产。并且制定了一系列实施方案，组建了创新团队。全面展开10个"中以农业科技合作示范园区"建设项目；圆满完成了20个天津市科教兴农集成创新示范基地，10个天津市种业集成创新示范基地以及7个天津市生物农业集成创新示范基地的认定工作；举办了农业科技成果转化与推广等一系列活动，每年重点推广50个农业主导品种和50项主推技术；此外，农民培训规模不断扩大，农业实用技术、农业职业技能、学历教育、农村实用人才带头人、新型职业农民等培训累计超过50万人（次）；成立了"京津冀区域农业科技协同创新联盟"，组建了3个农业科技协同创新实验室，同时将在绿色防控、资源环境以及质量安全等方面进行合作。目前，天津市科技对农业增长的贡献率达到64%以上，高于全国平均水平10个百分点以上①。

(三) 农业信息化建设步伐加快

2013年,农业部、天津市和中科院签订三方合作框架协议,建设天津农业物联网平台,实施农业物联网区域试验工程。对农业信息化和品牌化建设顶层设计给予高度重视,先后制定并实施了"三网联动""农产品品牌建设""网络销售全覆盖"等方案,促进了农业信息化快速发展。通过实施"物联网+农业"工程,建立了在全国处于领先地位的省级农业物联网应用平台,打造了30多个物联网试验基地,物联网技术完成涉农各区和主要农产品全方位覆盖。开发并上线应用了"放心菜""放心肉鸡"质量安全追溯服务系统以及病虫害远程诊断应用系统,物联网种养殖应用示范基地数量高达820个。农业部专家组评估认定,天津农业物联网平台建设已经处于国际先进地位。在实施"电商网+农业"工程的过程中,与京东、阿里巴巴签订战略合作框架协议,成功帮助本市450多家农业企业、合作社签订了网上销售协议。据相关部门统计,目前,网上营销涉农企业达到1000多家、农产品2000多种,农产品电商全年销售额高达10亿元②。

---

① 《天津发展现代都市型农业成效显著》,《天津日报》,http://www.agri.cn/V20/ZX/qgxxlb_1/tj/201704/t20170404_5549214.htm, 2017-04-04。
② 《天津发展现代都市型农业成效显著》,《天津日报》,http://www.agri.cn/V20/ZX/qgxxlb_1/tj/201704/t20170404_5549214.htm, 2017-04-04。

第三章
循环经济与现代农业

现代农业发展的理论与实践
THEORY AND PRACTICE OF MODERN AGRICULTURAL DEVELOPMENT

循环农业以可持续发展理论、循环经济思想以及产业链思想为发展导向，利用全新、高水平的农业技术和高效的农业组织结构，整合和优化传统农业的低效体系，延伸农业产业链条、加深农业产业的资源循环程度，将农业产业体系的物质利用度大大提升，降低对环境造成的污染和破坏，推进农业产业链优质循环、高能循环，增强农业产业布局的合理化和高效化，促进现代农业和自然环境的和谐发展。

第一节　现代循环农业发展模式

循环高效的农业产业链能够积极促进农业资源循环利用，节约资源将改善农业整体生产再造能力，提升农产品质量水平，为农民增收增效提供更多机会。循环农业构思较为新颖，与传统农业相比具有很大创新性，能够推进人口、资源和生活环境融合，促进农业经济的发展。

一　循环农业概述

（一）循环农业的产生与发展

20世纪60年代以来，世界上出现了一系列的替代农业思潮和替代农业发展形式，如生态农业、有机农业、精准农业、节水农业、可持续发展农业等。国外循环农业的发展最早可以追溯到1905年天然有机农业的提出。国外虽没有正式提出"循环型农业或循环农业"的概念，但对循环农业的研究已经超越了概念的探索与研究阶段，各地纷纷开展了循环农业的建设和试点工作，取得了较好的经济、社会和生态效益。循环经济在德国发展较早，在农业生产中使用有益天敌或机械的除草方法，用有机肥或长效肥替代易溶的石化肥料，采用轮作、间作等种植方式，采用天然饲料饲养动物，控制牧场载畜量，不使用化学合成的植物生长调节剂、抗生素和转基因技术[1]。美国采用高效施肥技术，高效滴灌和节水技术，高效种植和养殖技术，实现高效率可持续农业。阿根廷在农业生产中广泛应用"免耕直播法"，体现出环保、增产以及降低成本等诸多优点。日本发展循环型农业，其中崎县菱镇是较早发展循环农业且较成功的地区。许多发展中国家，如印度尼西亚、泰国、苏丹、尼泊尔、巴基斯坦、埃及以及肯尼亚等国，在20世纪80年代与国际环境与发展研究所（IEDI）进行了农业持续发展的项目实践，墨西哥、巴西、印度也从宏观和微观两个层次就农业持续发展进行探讨[2]。

我国五千年传统农业始终秉承协调和谐的三才观、趋时避害的农时观、辨土施肥的地力观、御欲尚俭的节约观、变废为

---

[1] 叶堂林：《农业循环经济模式与途径》，新华出版社，2006。
[2] 刘兰：《安徽省循环农业发展水平的评价和对策研究》，安徽农业大学硕士学位论文，2013。

宝的循环观，稻田系统、桑基鱼塘、轮作互补、庭院经济等传统的生态循环模式，更是我国历经千载而"地力常壮"的主要原因。稻鱼共作、稻蟹共作、稻鸭共作作为我国最早的循环农业生产形式，并没有在农业生产中形成系统的发展循环农业的意识。20世纪90年代，有学者提出了"保工促农、兴工富县、聚财建工"这一良性循环经济发展模式，以提高整个农业系统的效能，是90年代初我国学术界关于循环经济在农业发展战略上的初步探索。陈德敏等提出"循环农业"一词较早，尽管没有给循环农业一个明确的定义[①]。在循环农业的概念提出之前，我国在生态农业研究和实践中开发了丰富多彩的循环农业模式类型，如北方"四位一体"生态模式和南方"猪－沼－果"生态模式等。这不仅代表了之前循环农业发展阶段的主流模式，而且对循环农业发展具有指导和示范作用，尽管当时并没有将这类模式称之为循环农业的发展模式。

（二）循环农业的内涵

英国农学家 M. Washington 将生态农业定义为生态上能自我维持、低输入，经济上有生命力，在环境、伦理和审美方面可接受的小型农业。20世纪80年代中期以后，这种思潮逐渐统一于可持续发展观。到90年代循环经济理论出现之后，与实际发展的模式的相结合，才找到将生态、经济、社会大效益综合发

---

① 陈德敏、王文献：《循环农业——中国未来农业的发展模式》，《经济师》2002年第11期，第8～9页。

展的可持续之路，使生态农业、有机农业有了全新的内容和广泛推行的可能性[①]。循环农业理论是在可持续发展农业和循环经济理论的基础上产生的，1991年，国际粮农组织将循环农业定义为采取某种使用和维护自然资源的基础方式，以及实行技术变革和机制性改革，重点集中于解决重大的稀缺农业资源和重大自然资源课题。这种可持续的发展包括农业、林业和渔业，维护水、土地、动植物遗传资源，是一种环境不退化、技术上应用适当、经济上能生存下去以及社会能够接受的农业体系[②]。

郭铁民等是我国最早正式提出循环农业概念的学者，他认为循环型农业是运用可持续发展思想和循环经济理论与生态工程学的方法，在保护农业生态环境和充分利用高新技术的基础上调整和优化农业生态系统内部结构及产业结构，提高农业系统物质能量的多级循环利用，严格控制外部有害物质的投入和农业废弃物的产生，最大限度地减轻环境污染，使农业生产经济活动真正纳入农业生态系统循环中，实现生态的良性循环与农业的可持续发展[③]。周震峰等提出循环农业是运用生态学、生态经济学、生态技术学原理及其基本规律作为指导的农业经济形态，通过建立农业经济增长与生态系统环境质量改善的动态均衡机制，以绿色 GDP 核算体系和可持续协调发展评估体系为

[①] 刘兰：《安徽省循环农业发展水平的评价和对策研究》，安徽农业大学硕士学位论文，2013。

[②] 陆萍：《湖州市循环农业的发展模式和对策》，浙江大学硕士学位论文，2014。

[③] 郭铁民、王永龙：《福建发展循环农业的战略规划思路与模式选择》，《福建论坛》（人文社会科学版）2004年第11期，第83~87页。

导向，将农业经济活动与生态系统的各种资源要素视为一个密不可分的整体并加以统筹协调的新型农业发展模式①。前者过于强调了生态环境的保护，而忽视了经济发展的重要性，而后者考虑到要以经济建设为中心，使循环经济的内涵更进一步规划化。高旺盛等提出循环农业是遵循循环经济的基本原理，从节约农业资源、保护生态环境以及提高农业经济效益出发，对农业生产及生态系统进行设计、管理、组织，实现农业系统内物质资源的有效循环利用②。霍晓姝等认为循环农业就是农业循环经济，是在农业生产系统中运用循环经济的理念，减少在农产品生产和生命周期过程中资源的投入，同时也要减少排放农业废弃物，从而实现农业的经济效益和生态环境效益③。傅阳等认为循环农业是一种新兴的农业经济发展模式，是在农业生态环境的充分保护下，运用可持续发展的理念、循环经济发展原理以及生态工程学的方法，对农业系统内部结构以及产业结构进行调整优化，提高农业系统内物质的多级循环利用④。循环农业的概念经历了循环型农业、循环节约型农业、农业循环经济，最终演变为循环农业。综合以往定义进行概括，循环农业是整

---

① 周震峰、王军、周燕等：《关于发展循环型农业的思考》，《农业现代化研究》2004年第5期，第348~351页。
② 高旺盛、陈源泉、梁龙：《论发展循环农业的基本原理与技术体系》，《农业现代化研究》2007年第6期，第731~734页。
③ 霍晓姝、武志勇、刘家顺：《河北省循环型农业发展水平》，《河北理工大学学报》2010年第6期，第68~70页。
④ 傅阳、纪荣平：《宝应县有机农业循环产业链模式的研究》，《污染防治技术》2011年第1期，第50~53页。

个国民经济系统的一个子系统,在农业资源投入、生产、消费、废弃物处理的全过程中,将传统的以消耗农业资源为主要增长点的经济体系,转化为依靠农业资源循环利用的经济体系,倡导的是一种和谐、友好的农业经济发展方式[①]。

(三) 循环农业的特征

循环农业具有综合性、生态性、多样性、高效性、持续性、协调性等特点。第一,综合性。循环农业的综合性强调大农业、大发展,提倡农业的农林牧副渔各产业部门融合现代农村的全产业联合发展,各产业部门之间相互协作、推进,全面提升现代农业的生产效率。第二,生态性。循环农业重视保护和合理开发利用农业赖以发展的自然资源,如土地、水、森林等。努力使农业资源尤其是不可再生的耕地、水资源总量保持在一个相对稳定水平,并不断提高质量,提高利用率,改善农业生态环境,促进农业生态平衡。第三,差异性。我国各区域甚至同一区域内部的农业资源分布不均衡,自然资源和区域经济发展水平都具有很大的差异。在这种差异下,不同区域势必寻求不同的发展模式,采用不同的生产技术和装备,推进适合本区域的生态工程,发挥优势补充不足,保证现代农业及其相关产业协调发展。第四,高效性。现代农业倡导增产增效,而发展循环农业则为现代农业提高效率开辟了有效的发展路

---

① 刘兰:《安徽省循环农业发展水平的评价和对策研究》,安徽农业大学硕士学位论文,2013。

径。发展现代循环农业的基础原理是通过物质循环促进能源的多层次利用以及产品的高效、多次深加工，实现最大的经济效益，解决了废弃资源再利用、降低生产成本等核心问题。第五，协调性。循环农业认为农业生产率的提高，必须遵循自然生态规律，实现人与自然的协调发展，在开发、利用、保护和重新培植资源与环境的动态过程中实现，决不能以牺牲资源和环境为代价。现代农业和循环产业的显著特征是可持续发展，发展循环产业的基础是改善生态环境，保证农产品的质量安全，维护生态平衡，推动现代农业和农村经济社会的可持续发展。

（四）循环农业经济产业链功能构成

循环农业经济产业链主体一般由农业生产部门、畜牧养殖业、废物再利用行业以及农产品深加工行业构成，实现农产品生产、加工、资源循环利用、畜牧养殖、废物回收等功能。产业链主体产业之间形成交错复杂的支持利用关系，实现最大的循环效率，循环农业产业链功能结构关系见图3-1。

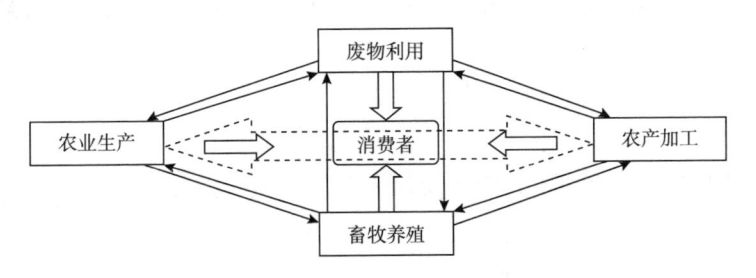

图3-1 循环农业产业链功能结构关系

现代循环农业产业链以农业生产、废物利用、畜牧养殖、农产加工四个节点为中心形成生产、回收、加工和养殖四个子系统，这四个子系统又分别构成各自独立的循环经济产业链。由于区位、自然条件及资源禀赋的差异，这四个节点中的任意几个又可以组成新的农业循环产业链，如生产－养殖－加工产业循环系统、生产－回收－加工产业循环系统等。现代循环农业产业链的各个环节按照生产经营需求及市场发展需要有机连接在一起，形成了良性循环的闭合链条。产业链包含的节点越多或网络关系越复杂，能够提供的内部循环资源就越丰富，生产的消费品也就越多，实现的增值空间也就越大。循环农业产业链依靠物质交换实现链条的顺畅运转，各节点通过物质供给维护并延伸网络关系，除产业链条内部供给资源外，各节点的产品直接送达消费者实现基本利润。产业链内部物质供给主要是某一产业链主体从其他主体处获得生产资料，加工成产品或生产废料后再提供给其他节点作为生产资料，从而实现不断优化的产业循环，持续产生经济效益。产业链各主体均具备生产产品的功能，通过常规生产经营推出创新产品获得利润。因此，现代循环农业产业链具有双重获利机制，同时具备很好的环保功能和可持续性。

二 现代循环农业主要发展模式

现代循环农业的发展模式主要包括立体农业模式、农副产品再利用循环农业模式、农村庭院生态循环模式、绿色农业、有机农业、都市农业和休闲农业等。

立体农业模式集合了传统农业模式和现代技术的优点，增加对不同产业、不同农业生物种群的容纳度，将它们紧密连接成一个整体结构，在时间、空间以及功能上尽可能高效、重复地利用不同层次的资源。这种模式具有集约性、高效性、持续性和安全性等四种特性。集约性体现在能够充分利用现有的各种资源，节省各种成本，提升效益；高效性体现在最大限度地利用人力物力资源，并发现土地和水资源的潜力；持续性体现在对废旧、遗弃物等资源的利用，降低对环境的伤害，增强土地资源的可持续性；安全性体现在增强农产品和生态环境的安全性，修复被污染的土地，增强对环境的保护，促进农业经济和环境的和谐发展。

农副产品再利用循环农业模式是一种新型的农业循环经济发展模式，以闲置农副产品和农业废弃物资源的多级循环利用为目标，使农业生产过程只有资源概念无废弃物，各环节实现资源共享，是集能源、环保、资源为一体的最典型的农业循环经济发展模式。废弃物的充分利用是节约资源的基本手段，对初次完成使用功能的农产品或生产资料进行重新回收，处理之后再利用，重新赋予其使用功能，使资源得以更充分的利用，体现了农业循环经济以节约能源和保护环境为特征的环保型发展形式。最为常见的农业循环经济模式是沼气循环处理利用模式，该模式主要是将小麦、玉米等农作物的秸秆进行回收处理和再利用，处理产生出沼气、沼液和沼渣等可供后续利用的产出品，从而实现能源循环利用的目的[①]。

农村庭院生态循环模式依据生态学理论，根据不同地区气候、人文条件以及资源等差异，因地制宜地制定不同农村庭院的生产结构和产品布局，提升对太阳能的利用效率，增强庭院生态循环系统对物质的循环利用，降低对燃料资源、饲料和肥料的消耗，提升农业产业不同行业产成品的输出效率。发展庭院循环经济有利于充分利用零散土地，提高土地经济利用率，有助于农民充分利用闲散时间创造更大的收益，有利于美化农户庭院人居环境及新农村建设。以自家庭院为基础，在庭院中建立各具特色的物质良性循环利用系统，提高物质和能量利用率，增加循环效率，实现高效生产、保护环境、节约资源、提升效益的综合目的[②]。

绿色农业依靠先进科学技术和现代农业设备，引入前沿的科学管理观念，在农业生产过程中强调农产品的安全、保护生存环境、促进生态循环，充分利用资源和保护生态环境带来更加可观的经济效益和社会效益，使得绿色农业循环模式能够较大程度契合人与自然可持续的和谐发展。

有机农业以非人工合成的原生态物质作为农产品施加的肥料、养料及驱虫除草剂等，喂养家禽家畜的饲料等投入物均选

[①] 何恬：《京津冀循环农业生态产业链构建的理论与实证研究》，河北经贸大学硕士学位论文，2014。
[②] 林明太、陈国成：《莆田农村庭院生态循环农业发展模式及效益分析》，《沈阳农业大学学报》（社会科学版），2009年第3期，第350~353页。

自纯天然、无加工的原材料，如采用农作物的秸秆、家禽家畜的排出物以及豆类植物的枝茎叶等残留物作为土壤的增肥剂，为后续种植的农作物提供更多能量。有机农业以最大限度地降低人工合成物对农业生产的伤害，维系生产系统的生产力和可再生力。

都市农业是在都市化地区，利用田园景观、自然生态及自然环境资源、体验农业生活、为了解农村内容提供场所，创造出一种全新的生态、生活体验模式，让游客感受到都市化的便利快捷和原生态农业生活的惬意。这种多维度生活方式主要集中在都市周边延伸出的农业，与城郊型农业相比，其重心是城市发展，目的是为了更好地服务城市，在维持城市发展的同时延伸其农业生态优化的功能。

休闲农业是在城郊和农村范围内，利用农业和农村自然环境等旅游资源，通过科学规划和开发设计，为游客提供观光、休闲、度假需求的旅游经营活动。

第二节　国内外现代农业循环经济发展经验

一　国外现代农业循环经济发展经验

发达国家的现代农业循环经济在政策体制、技术创新、发展理念等领域均取得了长足的发展,依靠现代循环农业获得了可观的收益,同时探索出了符合本国国情的现代循环农业发展路径。

(一) 德国农业循环经济发展实践经验

德国的农业循环经济发展在欧洲处于先进水平,其在20世纪末通过研究发现从农作物中提炼的矿物资源及工业原料可以作为"绿色能源",推进了农业生产资源循环利用的理论研究和实践应用。在农业生产方面,德国鼓励发展生态农业、有机农业,将生物理论和生态农业理论引入循环农业经济,严格把控肥料、杀虫剂、除草剂等污染源,支持并建议采用有机肥和长效肥。在养殖业的发展中注重生态的和谐发展和科学饲养,喂养天然、无公害的饲料,不注入抗生素,拒绝用转基因技术,科学统计控制畜牧场的最大承载数量。德国在发展循环经济的同时,注重对水资源的保护,建立水资源使用、修复的动态平衡,保证农业用水的需求和安全[1]。

德国对循环农业经济予以立法,按照法律法规的标准建立循环农业经济的规范模式,建立农产品责任制,并特别设立相关机构进行监督,确保循环农业经济的有序进行。德国为促进保护土地的观念深入人心,设立相关的法律和政策以保障土地资源,特别出台了《联邦水土保持法》《联邦水土保持与污染治理条例》

---

[1] 翟绪军:《中国农业循环经济发展机制研究》,东北林业大学博士学位论文,2011。

等政策法规。德国对循环农业经济投入了大量的人力、物力、财力资源，促使德国农业逐渐形成了具有高生产率、高科技含量、高组织文化程度、高自给率、高机械化程度、农民高收入等特点的循环农业经济。政府通过财政补助农民，为农民开展农业教育培训以提升农民基础素质，践行保护农民的政策，建立健全农民的养老机制，提倡更多年轻人加入循环农业经济体系。

为推动生态农业的发展，德国政府健全各级农业机构，明确规定各个机构职能，除政府职能机构外还积极鼓励发展农业协会；为了推动生态农业的发展，还专门成立了生态农业促进联合会，目的是通过有效的农业生产方式加强对自然资源环境的保护。

（二）日本循环型农业发展实践经验

日本是个资源节约型的国家，国土面积较小，土地资源相对紧缺，日本从20世纪中叶开始经济发展水平出现大幅度提升，但伴随而来的是过度使用对生态环境极具破坏力的杀虫剂、除草剂、化肥和石化燃料，对农业发展造成极大的损害。日本自20世纪70年代开始重视并发展生态农业，致力于降低土地盐碱化，减少农业发展中对农药和化肥的过度使用，促使安全农业的观念深入人心。20世纪80年代，日本农林水产省制定保护绿色资源的政策，实施环境保全型农业生产经营模式，有力推动了日本生态农业的发展[1]。

---

[1] 罗胜：《湖南省农业循环经济建设中的问题和对策研究》，中南林业科技大学硕士学位论文，2012。

为农业保护机制立法，在发展农业循环经济的同时保障生态农业、保障环境、确保循环农业的可持续性发展，促使日本发展成为循环经济立法国家中的先驱。日本循环农业法律体系包括基本法、综合法和专门法。其中基本法指的是《循环型社会形成推进基本法》等；综合法指的是《废弃物处理法》等；专门法主要侧重点在相关产业方面，包括《特种家用机器循环法》《建筑材料循环法》《多氯联苯废弃物妥善处理特别措施法》等，这三个细分的法律结合起来，共同推动了循环农业生态模式的积极、有效发展[1]。

（三）美国循环农业经济发展实践经验

与日本截然不同，美国拥有较为广阔的土地资源，同时国民人数较少，这种人均资源较多的局面为其进行机械化的农业、现代化技术农业和现代化管理农业提供了可能性。美国很早就树立了重视循环经济的观念，在1950年实施节水灌溉农田，于1970年正式提出发展农业循环经济的重要举措。美国是世界上最早开始践行循环经济的国家，并将循环经济应用于农业中，主要是为了建立起保护农业生态系统的机制。美国还倡议实施农业精准化，将农业精准化定义为高质量、高效益的新型农业，追求农业经济的高水平产出、高质量产出，谋求在农业生态系统中，用尽可能少的资源投入，获取更多数量、更

---

[1] 廖森泰：《日本发展绿色经济的启示》，《中国农村科技》2009年第1期，第65～67页。

高质量的产出。

目前，美国发展农业循环经济主要在循环农业立法、农企责任和科技支撑等方面出台了一些具体的措施。首先，政府出台相关政策、法律法规来约束农业从业者在农业生产过程中排放对生态环境不利的废弃物，倡导进行资源循环利用。美国在1965年颁布了《固体废物处理法》，1990年美国国会通过了《污染预防法》，十年后又颁布了《有机农业法》，此外，美国还建立了《联邦土地利用和管理法》《多重利用、持续产出法》《濒危物种法》等多项法律，以倡导国民重视可再生资源的利用。这些法律法规在较大程度上规范了民众对农业循环经济发展的认识[①]。其次，明确农业企业责任。大多数企业，特别是工业企业在生产经营过程中会排出大量的废弃物，相关部门机构对企业所排出的废弃物进行辨别、考察，判定上述企业对生态环境污染的责任，控制环境污染的污染源。最后，用先进的科学技术来支持、提升农业的现代化机械设备水平，美国的科学技术能力在全世界首屈一指，其农业现代化信息化程度远高于工业现代化水平，标准化技术、精准农业大大降低了农药和化肥的施用量，节约型播种，精准控制各种初始投入物的数量，用较低的投入收获较高的产出，同时还能保护农业生产的生态环境。

---

① 何龙斌：《美国发展农业循环经济的经验及其对中国的启示》，《世界农业》2012年第5期，第19~23页。

二 国内现代农业循环经济发展经验

我国面临着国民数量较多,资源较少,生态环境脆弱,人均资源占有量在全世界排行比较靠后的现状。我国的水资源拥有量仅占全世界的6%,耕地面积仅占全世界的9%,但我国国民人口数量占世界的比例高达22%,而且我国农业发展现状呈现各种棘手问题,如投入量较多,产出量较低,生产效率较低,自然资源消耗量较高,破坏生态环境等不良现象。当前我国的资源、生态环境方面均存在或多或少的问题,对我国经济社会的可持续发展构成了严重威胁。建立循环农业经济体系迫在眉睫,该体系谨遵循环经济的观念,以建设资源节约型系统作为最终目的,其实质是农业生态经济。我国的循环农业是带有中国特色的生态农业,但在内涵、目标与技术上却与国外的生态农业殊途同归,都是强调建立一种新的、健康的、稳定的、高效的现代农业发展方式。

与发达国家相比,我国循环农业经济体系构建较晚,但循环农业经济的观念很早就深入人心。我国悠久的历史文化包含循环经济的理念,很久以前,我国就有将人类的排泄物、遗弃的垃圾、农作物的秸秆等作为沼气、沼液的原材料,发酵后的新能源再次投入下一环节的生态循环的运转中,并与农业生产中的家禽、家畜、鱼、桑、蚕、蛆等生物与农田、菜地、鱼塘、树林和村落建成一个有机联系的循环生态系统,充分融合轮作、间作、净化湿地及降解生物等时空生态位，使得在原有的低生产水平和较小的时空尺度上实现可更新资源的物质循环，这都是循环农业经济的一小部分。这些循环都是农业经济的小循环，只限于几个农业小层次上的联合循环，缺乏开放性，所以产生的经济效益还是有限的，只有将农业和工业、商业和科研等非农业进行紧密结合的不同产业之间的大循环才能创造出更多的经济效益。这样就能将原始的小农经济和城乡一体、知识型、技术型的网络体系结合起来，共同创造跨行业的中国新时代的循环经济体系，实现整个社会的可持续发展[①]。

在农业循环经济立法方面，逐步完善相关法律法规。1979年9月，我国颁布了第一部《环境保护法》，这标志着我国环境立法的全面开展。1983年底，国务院还宣布环境保护是一项基本国策，并提出同步规划、同步实施、同步发展的概念，最终实现经济效益、社会效益、环境效益的统一。2007年，农业部在几种不同类型的农业生产区，如优势农作物主要产区、大中型城市郊区、重点水资源保护地区、草原生态环境较弱等地区，筛选出几个极具代表性的城市，在上述城市中推进农业循环经济模式，进行农业循环系统的试点运营。2011年底，农业部发布《关于加快推进农业清洁生产的意见》和《关于进一步加强农业和农村节能减排工作的意见》两份文件。这两份文件的推出，促进我国的传统农业向资源节约型和循环利用型发展，使

---

① 尹昌斌、周颖、刘利花：《我国循环农业发展理论与实践》，《中国生态农业学报》2013年第1期，第47~53页。

我国的农业经济的发展向高效、集约型的新型农业迈进了一大步[①]。

在利用农业资源层面，农业循环系统以节约作为第一要领，以提高物质资源、水资源和土地资源的投入效率为准则，严把节约用水、节约用地、节约施肥、节约用药和节约劳动力等层面，来执行循环农业的节约投入理念，降低农业投入的成本，增强农业投入物的高循环利用。在农业废弃物处理层面，进行资源的回收利用，做到农业生产中各阶段的生物资源所包含的能源得以充分利用，家禽家畜养殖业应对排泄物充分利用，降低废弃物对外排放量[②]。在农业产业链延伸层面，进行洁净化管理，将上一阶段的废弃物循环投入下一阶段，延伸产业链条，增加农业产业化结构。将重点放在农业循环产业链的内生性延伸和产业间的联动，增强农业循环产业链的理念构想、方式和途径，拓宽农业循环产业链涉及的范围。在农村社区建设方面，注重构建循环型社区，增加对沼气、太阳能等新型可再生能源的利用，最大限度地降低从循环经济的外部寻找输入能源，构建新型农村发展模式，促进农村和农业基础化设施的建设，优化农民生产生活环境，改良农业生态环境[③]。

---

① 王衍亮：《中国农业循环经济发展现状与对策措施》，《中国经贸导刊》2015年第1期，第40～42页。
② 方杰、曹邦英、卿锦威：《基于农业循环经济的社会主义新农村生态环境建设探讨》，《生态经济》2009年第2期，第77～79+87页。
③ 唐华俊：《我国循环农业发展模式与战略对策》，《中国农业科技导报》2008年第1期，第6～11页。

三 国内外现代农业循环经济发展的启示

西方国家一般经济较为发达，和我国的经济发展能力和发展层次都有较大差异，但是经济发展的观念，特别是在维持人与自然的关系上是保持一致的。所以，融合国外农业循环经济的实践经验对天津市乃至全国推动循环经济的发展，遵守绿色发展观念极具参考价值。

（一）健全法律法规体系

较之其他经济运作模式，农业循环经济模式的良好发展离不开政府的监管和有利的政策，农业循环经济体系的构建离不开良好的法律体系和有利的政策环境。所以，发展农业循环经济的第一要务就是建立支持其高效发展的政府政策支持体系，建立完善的农业投入政策、土地承包政策、环境保护政策和社会保障政策等。利用政策的协调作用，运用国家税收、银行信贷、财政税费返还等专项优惠措施，激励农民进行农业循环经济生产，确保农业循环经济的有效施行。倡导农业循环经济发展的同时，还要结合国家出台的法律、法规及规章制度制定相关保障措施，以确保相关政策能够充分支持农业循环经济的发展。我国农业循环经济体系尚处于初步探索阶段，很多法律法规的建设还不健全，无法全面覆盖农业循环经济的始终，应尽快建立健全相关法律体系，确保农业循环经济高效、平稳发展①。

（二）持续的科技创新能力

我国的各大企业集团对先进科学技术研发提供了大量的研发资金，政府也大力加强财政方面的支持，农业技术创新还有很大的提升空间。第一，成立专门机构用于研究开发资源节约型科学技术，储备一些拥有生态、环境、经济和产业技术能力的先进人才队伍，以对农业技术进行改造和创新。第二，增强对节水、节能、新材料、产业链接和生态等技术的研发，增强对废弃物回收处理，提高可再生功能资源的使用效率，发展共性关键技术。第三，增设农业循环经济立法，保障科学技术成果，促进相关技术的发展，并加快科技成果的转化速度②。

（三）推进生态农业产业化

为生态农产品的市场运行设立有效的运行机制，首先降低生态农产品的投入成本，推动行业协会及农村经济合作组织的有效运转，加大宣传力度，增强消费者对生态农产品的信赖。然后构建生态旅游的模式，建立多元化的销售方式，加速生态农产品的销售，促进生态农业的发展③。在此基础上，将生态农

---

① 唱潇然：《日本农业循环经济的发展模式及经验分析》，《世界农业》2013年第6期，第175、第1~3、第165页。
② 刘飞、张忠华：《西方国家循环经济发展经验与启示》，《北方经济》2017年第2期，第38~40页。
③ 郭敖：《世界生态农业发展趋势》，决策与信息，2009年第10期，第27~29页。

业予以产业化，推进其产业化的进程。以国际生态农业为标杆，从严要求本国生态农业的生产，设立相关生态农业机构对生态农业产品的认证，逐步跨越我国和国际市场在生态农业之间的鸿沟，使我国的生态农产品能被世界各国所认可和接纳。调整生态农业的相关科学技术，研发适合我国现有生态农业发展模式，并致力于和国际市场接轨的生态农业技术，并将其在生态农业体系中大力推广。

（四）构建全方位人才体系

农业循环经济中最重要的资源是人力资源，在发展农业循环经济的过程中还需注重科学技术的更新换代，保证农业相关科研机构的财政经费、科研经费供给，注重培养相关科研人才，满足农业循环经济对人力资源的需求。健全农业循环经济的营销体系，组织较高能力水平的人才队伍进行农业循环经济推广，促进农业科研组织、科研高校和农民之间的沟通交流，促成农业循环经济形成产、学、研相结合的互助模式，使农业循环经济体系中的科学技术尽快引进到实践生产中，加快其转化为生产力的速度。完善现有农业循环经济体系，使用各种先进技术提升农业循环经济体系中的资源循环利用程度，如一体化循环养殖技术、间作套种技术和绿色高效生态畜禽养殖技术等。

（五）全面提升群众认知度

为促进农业循环经济的高速发展，一方面需要政府采取政策、法律法规积极支持，另一方面，还需要广大农民群众的积极配合、主动参与。作为农业循环经济的主导力量，农民对推动循环农业的发展具有关键性作用，首先应加深农民对农业循环经济重要性的认识和了解，促使农民深入认可这种新型农业系统，充分调动农民自身积极性。利用不同媒体资源对农业循环经济进行宣传和推广，增强社会不同行业对农业循环经济体系的认识和了解，为大家所接受[1]。对农民进行科学技术能力和水平培训，提升农民参与农业循环经济的能力，完善农业循环经济技术营销体系，促进营销体系中技术服务人员和基层农民的交流、沟通及合作，共同营造一种高效、稳定、精炼的农业循环经济体系宣传氛围。

第三节 天津现代农业循环经济发展现状

一 我国现代农业循环经济发展概况

（一）循环农业发展制度体系建设

我国先后出台了《循环经济促进法》《清洁生产促进法》《畜禽规模养殖污染防治条例》等法律，实行最严格的耕地保护

---

[1] 刘刚：《潍坊市农业循环经济发展研究》，中国农业科学院硕士学位论文，2010。

制度和节约用地制度、最严格的水资源管理制度和草原生态保护补助奖励制度，实行良种、农机具、农资、节水灌溉等补贴。全国21个省份出台了农业生态环境保护规章，11个省份出台了耕地质量保护规章，13个省份出台了农村可再生能源规章，农业资源环境保护法制建设不断加强，制度不断完善。农业部会同有关部门先后印发了《全国农业可持续发展规划（2015～2030年）》《农业环境突出问题治理总体规划（2014～2018年）》，农业部出台了《关于打好农业面源污染防治攻坚战的实施意见》，对发展生态循环农业进行全面部署。浙江省制定了《关于加快发展现代生态循环农业的意见》，安徽省制定了《现代生态农业产业化建设方案》，江苏省制定了《生态循环农业示范建设方案》，部省联动、多部门互动的工作推进机制初步形成[①]。

（二）循环农业发展推动体系建设

自20世纪80年代以来，我国先后两批建成国家级生态农业示范县100余个，带动省级生态农业示范县500多个，探索形成了"猪-沼-果"、稻鱼共生、林果间作等一大批典型模式。近年来，在全国相继支持2个生态循环农业试点省、10个循环农业示范市、283个国家现代农业示范区和1100个美丽乡村建设，初步形成省、市（县）、乡、村、基地五级生态循环农业示范带动体系。围绕"一控两减三基本"的目标任务，探索

---

① 韩长赋：《大力发展生态循环农业》，《农民日报》，http://cpc.people.com.cn/n/2015/1126/c64102-27859455.html，2015-11-26。

形成了一些好的模式。在控制用水上，河北省制定了主要农作物水肥一体化技术标准和实施规范，2014年推广面积720万亩，亩均节水40%～60%，节肥20%～30%。在化肥减量增效上，安徽省重点推进玉米、蔬菜、水果化肥使用零增长行动，大力推广种肥同播、水肥一体、适期施肥等新技术，推进秸秆还田、增施有机肥、种植绿肥等。在农药减量控害上，江西省把农药使用量零增长纳入生态文明先行示范区建设的重要内容和考核指标，实施公共植保防灾减灾、专业化统防统治、绿色植保农药减量、法治植保执法护农等专项行动。在畜禽粪污综合利用上，湖北省推广自我消纳、基地对接、集中收处等粪污利用方式，推进畜牧业与种植业、农村生态建设互动协调发展。在地膜综合利用上，甘肃省制定了加厚地膜生产标准，开展地膜综合利用试点示范，废旧地膜回收利用率达到75.4%。在秸秆综合利用上，江苏省通过政府、企业、农户共同参与、市场化运作，初步形成了秸秆多元利用的发展格局[①]。

二 天津现代农业循环经济发展概况

（一）发展基本条件

天津市高度重视循环经济发展，建有6个国家级循环经济

---

① 韩长赋：《大力发展生态循环农业》，《农民日报》，http://cpc.people.com.cn/n/2015/1126/c64102-27859455.html，2015-11-26。

示范试点，76个市级循环经济示范试点。其中，作为中国北方最大的循环经济园区，静海子牙循环经济产业区串起"再生资源链条、精深加工链条"，成为全国静脉产业体系的代表，被列入第三批"国家新型工业化产业示范基地"，静海区于2016年1月被确定为循环经济示范城市。党的十八大指出：解决好农业、农村、农民问题是全党工作的重中之重，城乡发展一体化是解决"三农"问题的根本路径。随着近年来天津农业经济结构转型和调整，现代循环农业已进入重要的转型升级时期，与加工业、物流业、服务业、旅游业等其他产业结合日益紧密，各产业间融合交叉，产业链条逐渐向纵深延伸。发展现代循环农业是天津推动京津冀协同发展在生态领域率先实现突破的有力举措，也是天津推进现代农业可持续发展的有效途径之一。

  天津市是京津冀经济城市群的核心城市，紧邻首都北京，是中国北方最大的沿海开放城市，农业发展举措认可度和推广度高。天津地貌类型、土壤类型多样，适宜各种生物生长。天津市整体经济水平较高，科学技术基础较好，高新技术研发动力强，技术推广难度小，依托地域优势和特色农产品，天津循环农业建设具有广阔的发展空间。经过多年的探索和实践，天津市已经形成了以生态农业、绿色农业、观光农业、设施农业等现代农业为核心的现代循环农业经济体系，在农产品深加工和农业废弃物转化利用领域构建专业示范园区，强化技术创新和科技成果转化，在农产品加工、特色产品创新、林业循环、废弃物循环利用等领域的科研成果丰硕，为推进天津现代农业发展和提升现代农业循环经济奠定坚实的基础①。

(二) 发展存在的问题

天津市现代循环农业发展在园区建设、科技创新、科学管理、生产经营等方面均取得了突出的成就，但快速发展的同时，一些突出的问题也逐渐显现出来。

农村基础设施更新仍落后于现代农业发展速度，现代农业带来的环境污染问题仍然存在。天津市大力推行"美丽天津"建设，使天津农村基础设施建设和环境整治都取得了突破。但是，在适应现代循环农业发展的新科技、新模式、新要求上均存在差距，亟待在资金投入、发展规划等方面出台有力的举措和加大实践力度。天津市大力推行工业污染治理，但农村工业"三废"处理率仍有待进一步加强，传统农业的污水灌溉、农药化肥以及农用塑膜等对生态环境仍存在威胁，高耗能、高污染工业的外迁对农村的环境存在较大影响，对农业资源存在一定程度的破坏，不利于现代农业的可持续发展②。

天津市属于现代化工业城市，所属耕地资源较为紧张，农作物的种植施肥普遍使用大量的农药、化学制剂等，其大部分附着于农作物和土壤表面，久而久之对土壤造成严重的污染，导致土壤养分流失以及土壤板结等问题，对农作物生产种植产

---

① 耿铭烁、王祖伟：《天津市农业循环经济产业体系构建研究》，《环境保护与循环经济》2013年第5期，第23~27页。

② 贾凤伶、李瑾、黄学群、张磊：《天津都市休闲农业发展模式与对策研究》，《天津农业科学》2011年第5期，第93~97页。

生深远的影响。

天津市水资源极度短缺，人均水资源量160立方米，仅为全国平均水平的1/15，即使算上引滦和其他入境水量，人均水资源量也不过370立方米，为全国平均水平的1/6[①]。伴随着经济的快速增长，天津工农业用水量需求日益旺盛，长期存在结构性缺水的状况，农业灌溉供水量与需水量存在较大缺口。天津市将加强引滦、引江联合调度，推进引滦水源保护，严格控制水资源消耗总量，深入推进节水型社会建设，保障工农业及生活等用水。

另外，天津市在现代农业专业人才培养方面仍有提升空间，现代农业专业人才以及循环农业复合型人才稀少。农业循环经济发展管理人才少，到农村从事发展循环农业的专业人才更加匮乏。

三 京津冀区域循环农业产业链模式

（一）生产综合循环型产业链模式

生产综合循环型产业链模式在京津冀区域农村较为常见，将畜禽养殖、农作物种植和沼气生产作为产业链的主要节点，三者相互支持，各取所长，形成传统农业资源循环综合利用的循环农业模式。生产综合循环型产业链模式的优点是畜禽养殖、

---

① 田川：《天津水资源短缺的原因及建议》，《现代农业科技》2016年第10期，第159~160页。

农作物种植和沼气生产三者之间互相提供生产资料，又分别产生经济效益，具有一定的独立性，又相互紧密联系。生产综合循环农业模式常见的产业链如畜－沼－果、畜－沼－菜、畜－沼－鱼等各具优势特色的循环模式，见图3－2。

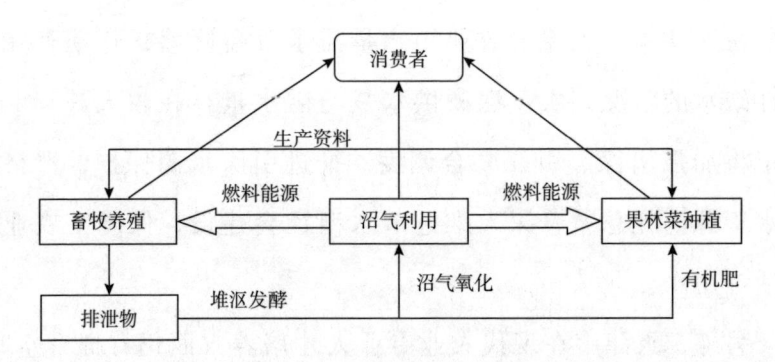

图3－2　生产综合循环型产业链

畜－沼－果循环模式是生产综合循环型产业链的典型模式，果蔬种植产品可以作为畜牧养殖的饲料，畜禽类的粪便进入沼气池发酵产生沼气，沼气既可以用作居民的生活燃料能源也可以用作果蔬种植的生产燃料能源，沼液、沼渣连同畜禽类粪便都可以作为果蔬种植的肥料，使废物循环利用，降低环境污染，生产增值增效。畜－沼－鱼循环模式与畜－沼－果循环模式类似，畜禽类粪便进入沼气池发酵后喂鱼，沼液、沼渣连同畜禽类粪便用作鱼塘基肥，降低鱼类饲养成本，减少鱼塘化肥施用量，控制鱼类疾病。

（二）立体复合型的产业链模式

立体复合型产业链模式注重各种生物互利共生的相互促进型循环农业经济发展形式，在这种形式下，位于生态链不同阶段的不同生物，如农作物、菌类和灌木丛等不同类目的生物互生互助，互利成长。立体复合型农业模式包含多种表现形式，如立体种养型、立体种植型和立体养殖型等形式。目前，在我国发展较好的立体复合型产业链模式的试点区域当属京津冀区域。天津宝坻区黄庄镇稻蟹立体种养、天津静海区林地食用菌种植基地，河北省平山镇的刘家会、丁西围绕核桃建立的林业立体种植系统，河北安新镇王家寨村新建的"林草－家禽－农田－林草"循环形式都属于典型的立体复合型产业链模式，详见图3－3①。

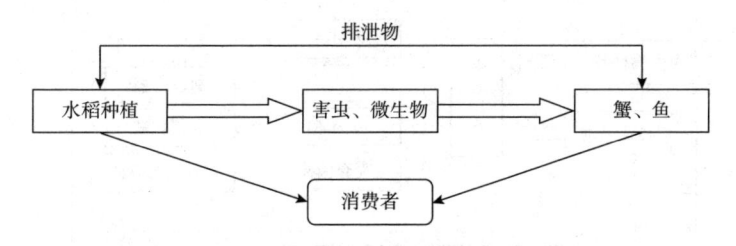

图3－3 天津宝坻区黄庄镇稻蟹立体种养产业链模式

稻蟹立体种养模式中水稻、螃蟹、害虫和微生物之间构成一个稳定的自然生态系统。螃蟹以水稻生长环境作为生长空间，水稻中的杂草、昆虫和微生物等作为螃蟹饲料的同时又为水稻净化了生长环境，螃蟹的排泄物还可以作为肥料促进水稻生长。稻蟹立体种养模式中，水稻的整个生长期都不需要施用化肥，大大节省了种植成本，产出的产品也更绿色、安全，在获得了经济效益的同时也收获了生态效益。

---

① 何恬：《京津冀循环农业生态产业链构建的理论与实证研究》，河北经贸大学硕士学位论文，2014。

（三）废弃物资源化利用模式

废弃物资源化利用模式充分挖掘废弃物的利用价值，力争实现废弃物利用效益最大化，将废弃产品作为原材料重新投入生产中进行循环加工，生产出具有一定功能和价值的新产品，重新投入市场。这种模式的最大优势就是大大节约生产成本的同时，减少了废弃物丢弃带来的环境污染。河北省平泉县食用菌生态产业链是废弃物资源化利用模式的典型，见图3-4[①]。

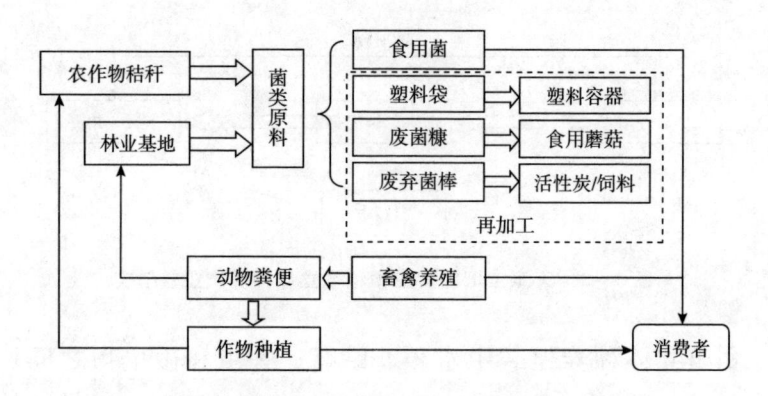

图3-4 河北省平泉县食用菌生态产业链

平泉县食用菌生态产业链充分践行了现代农业的可持续发展和农业资源的循环再利用理论，食用菌生产废弃物的再加工利用含有一定的技术创新，进一步延长了食用菌产业链。食用菌生态产业链能够使废菌糠利用率提高至50%以上，农林废弃物提高至30%以上，深加工后的下脚料利用率可达到100%，

---

① 何恬：《京津冀循环农业生态产业链构建的理论与实证研究》，河北经贸大学硕士学位论文，2014。

大大节省了资源，保护了环境。

（四）农业生态园区模式

农业生态园区模式是伴随着全民经济普遍提升发展起来的一种生产经营模式，为适应城市居民在生活水平提高后满足其精神消费的一种新需求，通过农业与休闲、健康等产业的有机结合，面向消费者开展农作物种植、畜禽养殖、农业观光、休闲度假等生产经营活动。京津冀区域的农业生态园区数量较多，大多都比较受顾客欢迎，北京蟹岛生态度假村是典型的以生态园区为载体的循环农业发展模式，蟹岛通过开展农业健康休闲度假产业，大力发展生态产业，开创了"农游合一"的循环发展模式，构建了一个比较完善的生态系统，见图 3-5[①]。

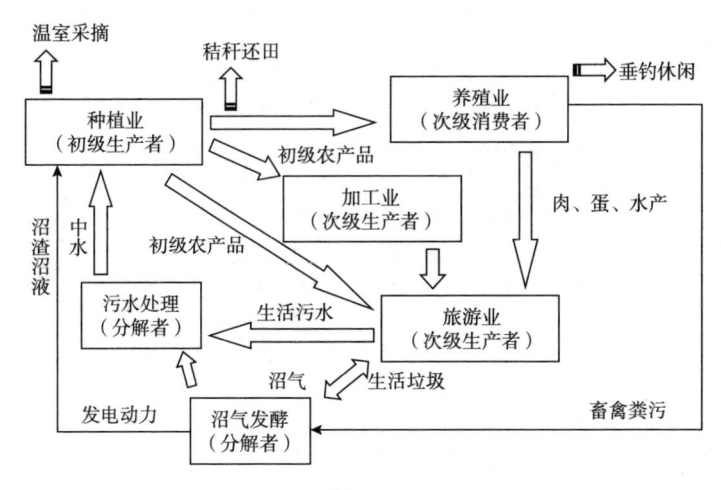

图 3-5 农业生态园区模式产业链

---

① 何恬：《京津冀循环农业生态产业链构建的理论与实证研究》，河北经贸大学硕士学位论文，2014。

第四章
美丽乡村建设与现代农业

现代农业发展的理论与实践
THEORY AND PRACTICE OF MODERN AGRICULTURAL DEVELOPMENT

第四章 美丽乡村建设与现代农业

党的十八大提出了"美丽中国"的概念，突出生态城市的建设，给城市和农村带来了新的发展方向。由于受到交通、经济、技术和意识等相对滞后的影响，农村的发展尤为缓慢，是我国亟待探讨和解决的难题。"美丽乡村"的建设理念，是从传统农业以经济发展模式为中心转变为以改善农村生态环境，服务于农民生活为中心的建设模式，实现有别于新农村建设的现代农村绿色协调发展。"美丽乡村"建设不仅要在视觉上美观，还要利用当地自然环境，协调好自然、经济和文化之间的关系，选择最优景观方案，实现农村可持续发展。

第一节 美丽乡村建设对现代农业的客观需求

一 农村土地经营分散亟待整合

自我国全面建设"美丽乡村"以来，各地积极探索"美丽乡村"模式，"美丽乡村"建设对农村的土地经营权提出了新的要求。目前，由于改革开放以来我国实施的家庭联产承包责任制，土地承包到户，土地的使用具有小规模性和分散性，随着农业科技和机械力量的发展，农业设备和农业科技的转化需要以规模性的土地为基础，发挥现代科技为农业带来的福利。大力推进土地的经营流转，盘活农村存量土地，将土地分区域、分用途、规划建设是"美丽乡村"建设的必经之路。

当前农村土地流转的主要矛盾在于政策的理解和传达不到位,导致二轮承包不规范,部分农户把经营权、承包权和所有权相混淆。应加快整治农村零、散、乱、旧土地,充分利用闲置土地。将可利用土地统一规划管理,派遣成立土地流转领导小组,组建农村土地流转办公室和督导小组,对土地流转工作进行全面的组织、协调和服务[1]。搭建农地流转平台,培育引导农作物大户,组建农民专业合作社等农民自愿合作组织,由社员代表提出意见,进行投票选举,对农地进行统一规划和科学布局,全民参与农村土地规划。创新流转方式,根据土地的分布特点和个人意愿,发展多种方式促进土地流转。健全土地出租、转租、承租、合租、委托租赁等程序,发挥土地的经济效用,在农村土地利用和流转的基础之上,不改变农村集体土地所有权的前提下将土地功能多元化发展。发展农村土地证券化,在不改变农村土地所有权归属前提之下,以农村土地预期收益作为担保,发行农村土地债券[2]。加快土地的经营流转,逐步改变了农民"单打独斗"的家庭经营模式,促进了农村产业走向规模化生产、集约化经营,加强了村民之间的联系和沟通,壮大了村级集体经营实体,催生了经济组织发展,增加了农民收入,有利于促进生态农业和美丽乡村的规划建设。

---

[1] 王越:《农村土地流转的乱象与对策研究》,《中国市场》2015 年第 26 期,第 260~261 页。

[2] 文秀勤:《农村土地证券化:动因、障碍及国际经验借鉴》,《世界农业》2015 年第 12 期,第 80~84 页。

二 新农人培养的社会需求旺盛

新农人是指拥有基本文化能力,以现代农业发展思想武装头脑,以现代农业生产技能开展生产经营活动,以从事现代农业生产经营为第一职业,以农业收入作为主要生活来源,以现代管理手段规划现代农业发展,居住在农村或城市的新时期的新农民[①]。现代农业对农业人才提出了新的要求,也可以说是农工商人、职业农民,他们将农业知识作为主业,要懂生产、懂管理,要掌握机械化、信息化、工业化等现代科学技术,精于现代化经营管理,熟悉农产品生产、加工、销售的全过程。不仅如此,还应该掌握现代生物的基本知识,从生态环境的角度来规划景观方案,构建一个可持续、可利用的生态圈。

现代农业发展对新农人培养需求旺盛。随着我国现代农业加速发展,传统农业对生产主体的要求也不断发生着变化,现代农业依靠现代科学技术、现代农业装备、现代生产体系、现代管理手段、现代经营方式发展农业,势必对现代农业的生产主体农民提出现代化的要求,对新农人培养的需求也必然旺盛[②]。培养具有现代农业发展思维,掌握现代农业技术的新型职

---

① 张琴:《激活多方资源 鼓励涉农企业参与职业农民培训》,《中国合作经济》2014年第5期,第54~56页。
② 李洁光、李贤:《论我国现代农业发展战略规划》,《中国种业》2015年第6期,第24~25页。

业农民是新农人培养的核心，也是推进现代农业快速发展的重点。据统计，截至2016年底，我国农民工受国家政策及市场发展影响返乡创业的人数已超过450万人，且呈现逐步上升趋势；大、中专院校毕业生以及退役士兵等返乡创业的也超过120万人[1]。近年来，农村劳动力转移带来的负面影响日益严重，在一些地方的留守儿童、空巢老人以及空心农村和农村居民老龄化等问题日益凸显，恶性事件不时出现，带来的负面效应和社会关注度也逐渐加大。因此，加强新农人培养，鼓励返乡农民创新创业，是解决以上问题，推动新农村建设，促进现代农业经济发展的有效途径之一[2]。

　　涉农电商呼唤新农人积极加入。从2012年至今，中央各级政策多次聚焦涉农电商的发展，大力推进电子商务进农村，其中涉农电商平台的建设广受重视。2012年，商务部在《关于加快推进鲜活农产品流通创新的指导意见》中提出"发展线上线下相结合的鲜活农产品网上批发和网上零售"，为涉农电商发展注入力量；2014年中央1号文件提出"加强农产品电子商务平台建设，加快清除农产品市场壁垒"，鼓励各企业积极搭建互联网平台进行农产品交易；2015年中央1号文件指出"支持电商、物流等企业参与涉农电子商务平台建设，开展电子商务进农村综合示范"，再次为涉农电商服务业打开了

---

[1] 魏琳：《农民工返乡创业升温》，《中国信息报》，http://www.zgxxb.com.cn/sygx/201702070038.shtml，2017-02-08。

[2] 欧阳涛、龙晶：《农村劳动力结构性短缺的影响因素分析——基于湖南省224份问卷的调查》，《中国农业资源与区划》2016年第2期，第124~129页。

发展空间。2016年和2017年中央1号文件也明确指明涉农电商发展方向。这些政策的实施以搭建涉农电商平台为突破口，为农产品拓宽销路开辟了一条条绿色通道，给涉农电子商务的发展送来了一阵阵"东风"。2014~2016年，商务部牵头的"电子商务进农村示范工程"、农业部牵头的"信息仅存入户"等举措不断将电商应用到农村这一有巨大开发潜力的市场中，并且对农产品电商标准、电商产业园、冷链物流基础设施等内容有了更明确的规定。以上举措的实施，拓展了农产品的营销渠道，由线下销售延伸到线上销售，增强电子商务平台和农业之间的沟通合作，建立健全农业电子商务营销体系，对农产品网络销售系统不断完善，对所售农产品按照质量水平分等级、分批次处理，包装邮寄，逐渐将农业电子商务系统模式规范化，加大信息进村入户试点力度[1]。随着农村电商的内涵不断丰富，"新农人"应该具有将农业产业做大做强的理念，积极领导其他农民，在自己的家乡创新创业，积极引进先进地区的管理理念和生产经营手段，探索规模化现代农业经营模式，尝试高效设施现代农业发展模式，积极培育龙头企业，推进产业化建设，做大做强农民专业合作社，带动新农村现代农业集体发展，引导带动独具特色的个体生产经营。将现代物联网与农业相结合，利用互联网中微博、微信等现代流行传媒平台，让农产品在网上进行销售，畅通现代

---

[1] 洪涛：《2015年我国农产品电商发展与2016年展望（下）》，《商业经济研究》2016年第13期，第86~88页。

农业销售渠道，推动农产品的品牌建设，拓展现代农业发展空间。国家政策的引导以及市场发展的巨大需求，不仅在数量上需要新农人积极参与，在新农人农业专业技能、生产能力等方面也提出了更高的要求。

越来越多的高学历、高技术人才进入"三农"领域，农村正在成为"新农人"发挥生产力巨大威力的新阵地，为了让更多"新农人"扎根沃土，当地政府要做好引领和保障工作，积极欢迎新农人创业者入乡探索，落实支持农村创业创新准入，财政税收政策优惠，为新农人优先提供农地、技术服务，以激励更多的科技人员下乡。

三 农业污染现状需要及时改善

农业污染是发生在农村地区，在进行农业生产活动或农村居民在日常生产和生活中使用化学用品和生活用品之后，对产生的污染物没有经过及时地科学处理，对当地的土壤、水体、空气以及农业产品等造成的短期或者长期的污染。农业污染一般充满不确定性，在短期内很多类型的污染不容易被直观察觉，扩散性较强、污染范围广，而且具有很难防治的特点[1]。农业污染一般来源主要包括农村居民生活及农业生产过程中产生的垃圾和废物，如化肥和农药使用过量和不规范在农作物表面、水

---

[1] 秦洁：《浅析南江县农村居住环境》，《西部皮革》2016 年第 14 期，第 72 页。

体和土壤产生的残留,塑料农用薄膜等不可降解的农业生产资料,畜禽类的粪便及水产养殖的不科学操作对水体产生的污染[①]。

近年来,农业污染给人们健康水平及农业发展带来的负面作用逐步显现,而且其潜伏期较长,若想及时检测并有效地控制和治理则具有很大的难度。据统计,我国每年用在农业生产上的农药使用量达到80万~100万吨,而消费者直接接触到的果蔬、粮食、农作物和花卉中使用对人体产生重要伤害的化学农药约占95%以上[②]。一些农户为了追求更高的利润,不科学地高剂量使用化肥和农药,对农业生产环境造成了长久的污染,从食品和土壤两方面威胁着消费者的健康。

要想减轻农业污染,必须推行农业的清洁生产,保障农产品质量安全,不仅要严把入口关,更要从源头抓起,而这个源头就在地里田间,贯穿于农业生产的整个过程中[③]。鼓励发展高效生态农业和有机农业,通过基本田间建设、推广生态防治害虫技术,建立无公害生产基地,逐渐实施技术生态化、过程清洁化,加大食品安全监督力度,制定农产品安全指标,更大范围调动企业、农民和地方政府发展生态农业的积极性。不仅如

[①] 卜令云:《农药污染及其防治》,《现代农业》2015年第4期,第22~23页。
[②] 郭霜毅:《蔬菜水果中农药残留快速筛查检测技术分析》,《南方农业》2015年第24期,第253~254页。
[③] 赖家盛、吴洁远:《农业污染来源分析及清洁生产措施》,《现代农业科技》2013年第13期,第252~253页。

此，对造成土壤、地下水产生严重污染的农药、农膜、化肥进行限量生产、限量销售、提高市场价格，实施严苛的税收制度，对使用污染性物质的农产品进行严格的督查和监管。农业污染的整治只有上升到法律层面才能更为有效，可以借鉴美、日两国的发展经验教训，将治理农业面源污染纳入国家法律，政府和社会都可以承担治理污染的费用，中国在《农业法》《环境保护法》等多部法律中只是规定了一个大概的框架，也可以尝试制定详细的配套法律法规进行支撑。

土壤、大气、地下水是人们赖以生存的环境，任何一个方面产生污染都将威胁到人们的健康，而每一方面产生的污染都将波及其他方面，三者之间是互融互通、互相影响的。施用化肥会对土壤造成污染并长时间残留，通过自然渗透或雨水的作用会使化肥残留污染地下水，使湖泊、河流以及浅海水域的生态系统产生富营养化，导致水藻生长过盛、水体缺氧、水生生物死亡，严重破坏生态链，此外，施用化肥还会经过挥发对大气产生污染。农作物生产过程中大量化肥的使用，不仅对地下水及土壤造成污染，通过大气循环还将对空气带来损害，产生农业立体污染。所以，应加速建立立体防污染体系，利用污染防治理论和创新性的技术优化现代农业发展体系，并通过两个层面加深农民对此的认识，增强农民的环保意识，从而主动推动农业循环经济体系的可持续发展。

第二节 美丽乡村建设与现代农业规划

一 美丽乡村建设与生态文明发展

美丽乡村建设必然离不开现代农业发展，现代农业发展处处体现着生态文明。美丽乡村建设与生态文明密不可分，以生态文明建设为基础，全程贯穿生态文明，以维护良好的生态环境为目标，利用现代生态科学技术来规划、建设美丽乡村。

（一）美丽乡村建设与生态文明的关系

生态文明发展是美丽乡村建设的内涵和外延。美丽乡村建设的最终目标和实施内容是推进中国现代化乡村的生态文明发展，体现了生态文明的基本观点和理念，是生态文明行动在乡村的实际践行，其核心是促进生态平衡，实现人类与大自然的和谐、可持续发展。美丽乡村建设与生态文明发展具有相辅相成的关系，前者为后者平衡协调持续发展奠定坚实的基础，后者则反作用于前者促进乡村的全面发展。

生态文明发展和美丽乡村建设从本质来说是一致的，两者具有同样的目标、方向和发展路径。生态文明发展与美丽乡村建设具有明显的相融互通之处，二者均是以发达的乡村生态经济作为物质基础，以先进的生态伦理观念作为价值取向，以完善的生态文明制度作为激励约束机制，建设全程倡导生态安全，不断促进生态环境质量改善。推进生态文明发展与建设美丽乡村具有相同的实施方向和路径。美丽乡村建设应将乡村生态环境文明作为第一要务，构建较高水平的生态农业、环保农业，培育健康消费的形式、长久的资源保护意识，建设良好的生态环境，尊重自然，保护环境，给予农田更多的生机和活力，增强自然资源的可利用率，为后人创造更宜居的生态环境，美丽乡村建设与生态文明发展具有高度一致性[①]。

（二）美丽乡村建设对生态文化的传承

美丽乡村建设肩负着生态文化传承的使命，是推动传统生态文化发展的有效渠道，倡导尊重大自然的建设理念，以保护大自然、依靠大自然发展规律的思想实施规划建设。实施美丽乡村建设首先要对乡村的生态文化有较为深刻的理解，才有可能实现对传统文化的传承和发展。我国农村的传统文化，是经过上百年的历史积淀形成的，我国农村环境也是顺应大自然的条件，不断演变和发展的[②]。在进行美丽乡村建设的同时，也要有顺应自然的发展理念，树立"以自然为本"的发展思路，提倡人与自然和谐相处的发展理念，尽可能在美丽乡村的建设中

---

① 闪娜娜：《生态文明视域下美丽乡村建设研究》，河南农业大学硕士学位论文，2015。
② 王丽霞：《谈美丽乡村建设中传统生态文化的传承与发展》，《山西建筑》2016年第7期，第4~5页。

不破坏农村原有的生态特色，如河流、树木、山石等景观。不仅如此，还要加紧修复在农村农产品经济产量飞速增长中对土壤、地下水、空气的破坏，尤其是大量农药的喷洒和农膜、农作物秸秆和废旧电池的不正当处理，造成土壤肥力下降，遗留物造成污染，土地酸碱度失控的问题[①]。充分利用农村生态系统拥有的强大自我修复功能，改善农村生活环境，创造出一个人与自然和谐发展的现代农村。

保留历史文化特色的生态农村。在大自然发展规律方向指引下，以乡村原有的生态资源结合历史文化建设独具特色的乡村生态文化景观，并以此作为传承与发展传统生态文化的手段之一。不同的地域、历史经历会孕育出不同的建筑风格和人文风情，这种文化形态独一无二、不可取代，在其传统文化风韵基础上，打造出富有特色的历史文化景观。具体来讲，做好历史文化遗产的保护工作，包括至今仍存的建筑和手艺，需要乡村文化工作者的努力挖掘，汲取提炼当地富有特色和历史价值的元素，用现代工具和方式对传统文化特色进行传承和发扬，也可以将古今融合、创造混搭的艺术风格。借助以上方法，打造独具历史特色的文化景观。

建设和谐的乡村生态文化。建设和谐的乡村生态文化是传承与发展传统生态文化的一个重要途径。在美丽乡村建设进程中，既要大力发展农村经济，又要保护好乡村的生态环境。首

---

① 于洋：《"美丽乡村"视角下的农村生态文明建设》，《农业经济》2015年第4期，第7~9页。

先，进行乡村生态文明建设。在农产品生产过程中，合理配置乡村资源，积极引进先进的生产技术，为城市和乡村提供绿色、有机食品①。其次，要营造乡村健康绿色的消费方式、生活方式、出行方式，积极组织乡村演出艺术团、舞蹈队，鼓励低碳出行，丰富、促进农民的农村生活。在思想和行动上为建设和谐的美丽乡村生态文化，做出实际行动。

二 美丽乡村建设与特色农业规划

特色农业同样具有传统农业的核心属性，生产运营的目标是提升产品市场占有率和产品核心竞争力，追求最大的经济效益。同时，特色农业又区别于传统农业，倡导现代农业发展的生态效益和社会效益要等同于经济效益，充分整合区域内优势资源，突出地域特色，按照市场发展的产品需求、生态需求，以科技创新为驱动，高效配置各种生产要素，形成特色突出、规模适度、效益良好和产品具有较强市场竞争力的非均衡农业生产体系②。发展特色农业规划是中国农业结构战略调整的要求，是增强农民收入的迫切需要，也是美丽乡村建设的重要方式。

发展特色农业规划首先要做好当地的区域情况分析，包括

---

① 魏登雪：《美丽乡村建设与乡村旅游发展关系研究——基于居民乡村性感知的视角》，安徽财经大学硕士学位论文，2015。
② 唐亚鸿、王于泽：《关于加快南川特色农业发展的实践与思考》，《吉林农业》2010年第8期，第8~9、第26页。

当地的地貌、气候、地质和水质、人文风俗、生态、交通和经济发展现状等。不同地貌种植的物种具有很大的差异性，高山、丘陵、平地对种植的作物具有一定的选择性。气候是影响物种生长的重要环境，包括作物的喜阴喜阳，对雨水的要求，日照的强弱等。地质包括土壤的酸碱度、矿物质含量、孔隙率、有机物含量、养分量等，水质包括地表径流、包气带、抱水带的水位、水温、溶质浓度情况等。人文风俗包括当地人民的喜好、禁忌、特色、生活习惯。生态是包括物种在内的生态系统，物种主要是当地的主要植物、动物、主要农作物等，除此之外，还包括微生物类，以及所有生物所构成的生态系统，交通和经济发展现状是制约特色农业规划的条件，交通运输发挥纽带的作用不可小觑，发展特色农业规划要以现在的经济发展状况为基础，使特色产品具有较高的市场价值。

美丽乡村建设要优先规划种植开发区域特有的名优农产品，由于这类产品具有一定的知名度和市场潜力，在投入市场中滞销的风险较小，开发成本较低，并且可以带动相应农产品的再加工和深加工的产业链。从食品安全角度，通过环境治理、生产流程改革、加强科学管理方法，种植无公害绿色食品，保证人民群众的食品安全。

美丽乡村建设要因地制宜地发展休闲农业、会展农业、旅游农业。依靠科技的发展和社会的进步，人民生活水平普遍提高，温饱问题在多数地区已经得到解决。要想实现美丽乡村的建设，就不能单单依靠带来经济效益的种植型农作物，将传统农业再加工成现代农业,例如休闲农业、会展农业、旅游农业,不仅可以满足人民群众日益增长的精神文化需求,还可以开创农业景观建设。推动独具特色的农业规划,如发展会展农业和休闲农业,为游客提供观赏、采摘、户外游玩等服务[1]。

建设特色农业要将农业科技及生物学具体应用于美丽乡村建设中,增加农业科研项目,设立特色农业专项科研基金,以支持新型农业的发展。增大农产品科研的研发力度,推进农业相关科研人员的研发进度,促进研究成果转化。将农业科研中涉及的所有机构、科研人员的积极性充分调动起来,增强农业科研的创新性和创新能力。建立专门的农业合作社,以乡镇为基本单元将独立的农民集合起来,团结一致,共同生产,降低农业生产中风险所带来的危害。在农业科研机构的协助下,成立以乡镇为基本单元的农业技术协会组织,研究先进、高效的农产品培养种植方法,培育新型农产品品种,并将研究成果及时和农民共享,增多科研机构和农民之间的沟通渠道,在农民和科技化农业之间搭建桥梁,为农民创造更多经济利益[2]。

三 美丽乡村及景观建设

依据乡村整体布局合理规划乡村景观,能够有效提升乡村居

---

[1] 孟秋菊:《现代农业与农业现代化概念辨析》,《农业现代化研究》2008年第3期,第267~271页。
[2] 张宝旺:《大洼县美丽乡村建设案例分析》,大连理工大学硕士学位论文,2015。

民生活质量，推进美丽乡村建设。从乡村景观角度来讲，"美丽乡村"建设可以使农村根据区域特色设计具有当地特色的景观，并在此基础上协调自然环境资源及经济发展程度等诸多因素，实现对生态环境的保护。目前，我国对景观建设具有区域性统一的部署和规划。首先，我国地域辽阔，各个地区之间的经济、社会、文化发展不平衡，存在较大差异，在实现乡村景观建设的同时，必须考虑农村乡镇结构、区域之间联系、城镇交通及基础设施发展差异等因素。其次，据国家统计局公布的数据，2016年我国的城镇化率达到57.35%，农村生活条件有了很大改善，但城乡二元化结构也日益凸显，城市、农村的发展速度和方式相差较大，也给农村景观建设带来了很大制约。最后，由于土地空间规划不合理，相互之间联系较差，平均规模有限，乡村景观规划受到地域上的局限。根据农村资源的不同，我国农村景观大致可分为乡村聚落景观、乡村生态景观和乡村生产景观三种类型。

（一）乡村聚落景观

乡村聚落景观是指由乡村生活环境和建筑构成，是乡村基础性环境景观，历史悠久、具有人文特色的聚落往往具有很高的观赏价值。其中，乡村生活环境景观一般体现在乡村的街道、庭院、广场、公园、文化设施场所等一些公共空间等，这些环境是村民直接、紧密接触的景观，往往能给居民带来最直接的感受[1]。乡

---

[1] 田韫智：《美丽乡村建设背景下乡村景观规划分析》，《中国农业资源与区划》2016年第9期，第229~232页。

村建筑景观则记录了村庄悠久的历史文化，体现出村庄的整体独特性，如河南省浅井镇东部的扒村，是全国重点文物保护单位"扒村瓷窑遗址"所在地，具有非常深厚的文化积淀，同时拥有灵翁庙、观音堂、清代民居建筑群、定远寨遗址等大批文物古迹，对于研究禹州古代地方建筑具有较高的实物价值。因此，乡村聚落性景观规划应尊重村庄肌理，在尽量不破坏村庄原始风貌的基础上，对公共空间进行合理设计[①]。

（二）乡村生态景观

乡村生态景观主要包括水系、植被、森林以及自然保护区等不可建设用地的景观资源，这些资源主要以保护为主，规划为辅。植被主要包括森林绿地、走廊、生态防护林等，在景观规划时应以保护为前提，将这些植被与自然环境结合到一起，设计出宜居的生活空间。水系主要指湿地和河流，在景观规划时应通过对水系进行合理规划和布局，设计出具有灵动感觉的水体景观。自然保护区对稳定地区生态平衡具有重要作用，因此，在景观规划时应避免人为活动对其造成破坏。

（三）乡村生产景观

乡村生产景观贯穿于农业生产的始终，分为农业生产景观和农产品生长景观两个层次。生产者即农作物是乡村生产景观

---

① 刘甜田、叶喜：《美丽乡村建设中的乡村景观特色营造探析》，《绿色科技》2016年第7期，第41~44页。

的主角，所以乡村生产景观的特点主要由农作物的成长过程和状态形式定义。应从生态景观学的视角对乡村生产景观进行规划，把农产品的全面成长状况和农产品的成长景观列为一个整体层面[①]。

在完善乡村景观规划的过程中，应该从农村的原始形态入手，以维护村落特色风貌为基础，就地取材，因地制宜规划乡村聚落，实现乡村原有条件和现代科技的有机融合。同时，可以搭配河流、树木等动态景观，创新乡村景观设计。乡村景观设计应做到商民分离，突出宜人特色和绿化设计，一些公共花园和活动中心距离社区的规划半径应在600米左右，步行时间应在10分钟左右，对于一些有历史渊源和文化特色的景观应该着重保护和宣传，提升乡村景观的独特美丽视觉感受。

第三节　天津现代农业推动美丽乡村建设现状

一　天津美丽乡村建设基础条件

（一）区位条件

天津市占地面积11946.88平方公里，沿海海岸线长度达

---

① 韩传亮：《潍坊新农村景观改造项目规划研究》，江苏大学硕士学位论文，2012。

153公里。地貌类型为平原、丘陵和山地，地势以洼地和平原为主，从北向南逐渐下降。天津市地处华北平原海河的五大支流汇流处，东侧紧邻渤海，北傍燕山，海河作为天津市的母亲河横跨天津市区。天津市包括16个市辖区，240个乡镇级区，市辖区根据距市区的距离划分为中心城区、环城区及远郊区。《天津市空间发展战略》为天津定义了"双城双港、相向拓展、一轴两带、南北生态"的规划格局。天津市滨海新区具有国家级新区、国家综合配套改革试验区、副省级区和宜居生态型新城区的综合性身份。

（二）自然条件

对特色农业空间布局形成决定性作用的是区域自然条件，地形、地貌、气候等条件决定了生态村村民居民点的规模和位置，如天津市地势以平原和洼地为主，可用耕种面积多，可以在平原地区施行规模种植、农场包租等适合机械化作业的农业生产方式。近郊区适宜种植新鲜水果、蔬菜，方便向附近人民供给，远郊区则适合大规模种植粮食作物，山地丘陵则适合种植树木等，以防止水土流失。天津市的滨海新区一带是众多河流的交汇口，有着丰富的水资源，可以发展水产养殖业和远洋捕捞业等。

（三）社会条件

在法律政策条件方面，天津市已经出台的与生态村相关的政策主要涉及三农、社会主义新农村建设、农业基础设施建设、土地流转、生态村建设等领域,经过实施已经取得一定成效。政府出台的政策对农业经济的发展起到宏观调控的作用,积极引导、疏通农业生态乡村在空间结构构造上面临的各种困难,再逐步推进的过程中对农业生态乡村的格局进行优化[1]。除落实国家出台的一些三农惠农政策,天津市还有许多农业补贴和优惠政策,如天津市提出的《2011年天津市农业科技成果转化与推广项目指南》,有效支持并推进四大类农业科技成果落实,特色精品农业配套技术这一项可获得最高300万元的奖励,此后天津每年都在此政策基础上进行优化改进,努力推动实施惠农政策。天津市在中央不断加大小型水利设施建设的投入力度下,设立小型农田水利设施建设专项资金以增加投入,规划使用重点生态林管护补贴资金[2]。2016年全市城镇化率达到82.93%,全市居民全年人均可支配收入34074元,人均消费支出26129元。

(四)产业基础

天津市出台了一系列支持美丽乡村建设的产业发展政策,根据《中共天津市委天津市人民政府关于加快发展现代都市型农业促进农民增收的意见》和《天津市农村工作领导小组关于印发2016年工作要点的通知》,在现代种业领域、设施农业领域、安全种养领域、土地工程领域、生态环境领域、加工物流

---

[1] 李丹:《天津地区生态村空间布局研究》,河北工业大学硕士学位论文,2015。
[2] 刘捷:《天津市滨海地区盐碱地林木现状及绿化建议》,《天津农业科学》2013年第10期,第95~97页。

领域可以重点扶持农业科技成果转化推广项目。自2006年起，天津市设立农业科技成果转化基金，专门用于农业科技成果转化项目、农业科技示范推广项目、农业新产品新技术实施引进项目、农业科技合作项目的支出。2014年出台了《天津市农业科技成果转化与技术服务补助资金管理细则》，用于强化农业科技成果转化基金的管理，为天津市的农业科技转化提供了动力。

天津市拥有航空航天等八大优势产业，农业不是一个具有绝对优势的产业，但农业的发展依然重要，发展潜力和空间巨大。目前，天津市的农业产业发展日益壮大，不仅体现在龙头企业、农民专业合作社等形式日益增多的发展趋势，涉农企业的发展更是方兴未艾，呈现一片大好趋势，天津市农业的发展趋势为天津市美丽乡村建设提供了一个良好的基础。

二 天津美丽乡村建设现状

从2013年开始，天津市委、市政府大力推进"美丽天津·一号工程"，该工程的主要内容是清新大气、清水河道、清洁村庄、清洁社区和绿化美化，这将推动天津市美丽乡村的计划逐步展开[①]。美丽乡村的提议标明了党和国家对新农村发展的新要求，是天津市人民政府积极响应党中央建设美丽中国的号召。天津市紧紧围绕创新、协调、绿色、开放、共享的发展观念，

---

① 张明亮、贾风伶：《江浙沪鲁美丽村庄建设机制及对天津的启示》，《天津农业科学》2015年第7期，第145~148页。

深入进行"三农"工作,确保天津市积极开展建设美丽乡村的实践活动。

(一) 农村人居环境不断优化

"美丽天津·一号工程"的提出,缓解了乡村环境污染,垃圾、污水较难处理的问题,在一定程度上改善乡村生存、生态环境。天津市现有3786个农村已建设成为清洁乡村,建成无害化污水处理方式和"源头分类－村收－镇运－区县处理"的垃圾处理方式。村庄对垃圾处理配套设备率、污水处理率、整洁环境覆盖率和乡村环境保护机制覆盖率高达100%。美丽村庄建设效果良好,并严格按照基础设施"六化"及公共设施"六有"要求,促成461个村庄达到美丽村庄的标准。对村庄的绿化效果显著,在"十二五"期间,增种155.4万亩树木,林地占地面积增加到380万亩,绿化率达到23.2%。天津市举办了第三届中国绿化博览会,向全国展示其美丽乡村建设成效,高质量完成清新空气、清水河道行动任务。天津市现在焚烧秸秆现象基本消失,充分实现对小麦等农作物的秸秆的循环利用[①]。

(二) 农村服务水平明显提升

基层治理体系日益完善,构建党支部、村委会、服务站、合作社、保洁队之间的协调合作机制。严格整治、杜绝农村出

---

① 《天津市农业概况》,天津政务网.http://www.tj.gov.cn/tj/tjgk/jjjs/nygk/,2017-01-20。

现基层干部以权谋私、不遵守法律法规等不良现象，一经发现，将对违法基层干部进行严厉惩处，降低基层干部手中掌控的权力。增强农村基层设施和公共服务设备的供应量。完善农村医疗体系，增强对农村卫生室的补助，降低常用药物的销售价格。增加农村交通的便利性，增设城乡客运车次，方便农民出行[①]。

（三）农业转型升级效果显著

推行农业供给侧结构改革，快速调整农业产业结构形式，建成京津冀区域绿色、无污染、高质量的"菜篮子"，开展绿色农业、节水农业和先进设施农业建设。加强同北京市、河北省在农业方面的沟通和合作，构建京津冀围绕河流展开的休闲旅游观光带。将现代农业和"互联网＋"的网上交易平台紧密结合，拓展农业营销手段和销售渠道。把好农产品的质量关，严格保障现代农业对外输出农产品的质量安全性。将现代化科学技术和现代农业科研成果迅速投入实践，注重完善农业科研机构的建设，提升农业创新发展能力。天津市宝坻区小辛码头村在农田种植不同种类的水稻，这些水稻的品种援引自世界不同国家和地区，并利用生态价值，将水稻的种植和螃蟹的喂养有机地结合起来，建立立体种养系统，这种种植水稻和喂养螃蟹相结合的方式吸引大量游客前来观看，同时，促进了该地旅游业的发展。天津市北辰区前堡村发展独具特色的农业，将种植

---

① 《天津市农业概况》，天津政务网. http：//www. tj. gov. cn/tj/tjgk/jjjs/nygk/，2017 - 01 - 20。

果树作为主业，逐渐建成在当地小有名气的"花果山"村，村中果树种植面积覆盖全村面积的80%，村里80%的农民种植果树，每户人家的年盈利额超过8万元[①]。

---

① 于佳、张俊堂、唐海洋、刘继志：《天津市美丽乡村建设现状调查研究》，《农业与技术》2015年第13期，第170~172页。

第五章

"互联网+"与现代农业

现代农业发展的理论与实践
THEORY AND PRACTICE OF MODERN AGRICULTURAL DEVELOPMENT

第五章
"互联网+"与现代农业

互联网如今已经发展成为一种具有强大生命力和活力的工具,被广泛应用于人们生活的各个领域,是整个时代浪潮中不可忽略的一部分。自古以来,传统的小农生产方式在我国占据着主要地位,生产力无法得到充分的发挥和释放。"互联网+"农业是互联网技术在农业领域的成功运用,利用新一代信息技术,如互联网技术、云计算技术、大数据技术等构建现代农业互联网平台,解决农业领域的问题,提升现代农业生产经营效率,促使现代农业推出新产品、新模式与新业态①。

第一节 "互联网+"现代农业的互动发展

一 "互联网+"对现代农业的影响

自2015年以来,国务院工作报告中首次出现"互联网+"农业这一概念,鼓励互联网与农业的接洽和深层次融合,激发改革创新,促进电子商务发展,推动现代农业转型升级。2016年,国家"互联网+"农业新政密集出台,相继发布《农业电子商务试点方案》《全国电子商务物流发展专项规划》《关于深入实施"互联网+流通"行动计划的意见》《"互联网+"现代

---

① 刘玉忠:《"互联网+"农业现代农业发展研究》,《创新科技》2015年第7期,第69~72页。

农业三年行动实施方案》《关于开展 2016 年电子商务进农村综合示范工作的通知》《关于加快发展农村电子商务的意见》《"十三五"全国农业农村信息化发展规划》。这些政策大力推进了"互联网+"现代农业的进程，应用物联网、云计算、大数据、移动互联等现代信息技术，也加快了现代化农业发展和互联网与"三农"领域的融合发展，推动农业全产业链改造升级。由此可见，"互联网+"现代农业已经上升到国家战略层面，成为我国市场经济发展的又一新态势、新特征。

（一）有利于培植现代农业生产经营方式

互联网的诞生使信息技术发生了翻天覆地的变革，推进了社会文明技术的进步，也加快了大数据时代的到来，连通了国内、国外两大资源市场，打破了信息的不对称，优化了资源配置，降低了公共服务成本。"互联网+"为现代农业发展带来了绝佳的时机，智能农业标志着农业现代化的实现，农村信息服务大大提升了农业生产效率。智能农业表现为农业生产全过程的智能决策、自动控制和精准管理，合理配置农业生产要素、农业服务，实施科学化的生产经营管理，推进信息服务精准化，提高了劳动生产率和资源利用率。互联网的引入重点突破了农业传感器、全自动智能植物工厂、农业智能机器人、农业精准作业等先进技术；建立农业物联网智慧体系，并将之运用于农田种植、园艺设施、家禽养殖、家畜饲养、水产养殖等农业生产领域；建立对农产品的主要生产地区、主要农作物成长态势的监控、遥感测量农产品的产量和预估产量、重大自然灾害预警机制等智能化农业、农产品支持服务体系[①]。

以往农民生产的传统农产品低价滞销甚至烂在地里的现象时有发生，不仅造成了资源的浪费，而且使农民欠产无保障，"互联网+"农业使这个问题得以解决，通过互联网解决营销渠道，采用现代物流方式对农产品进行集中售卖，改变了一直以来农民单靠经验甚至运气来种植、生产作物，从而使农民丰产又丰收、产出有保障。互联网技术给农村带来了大量实时可靠信息，尤其是畜牧类、农产品类，这样农民就可以根据市场价格和需求对农产品生产进行预计和测度，学习种植、饲养技术指导产出。

（二）有利于形成现代农业的产业化经营

"互联网+"农业并非是互联网和农业的简单加总和合力，而是基于互联网平台的信息技术对农村农业进行的创新产业链、合理配置生产要素、资源的深度契合和综合开发利用。随着智能农业的发展，互联网对现代农业的生产经营方式、销售运营模式以及现代科学管理体系等都产生了革新性的变化。互联网与现代农业的融合发展促进农产品营销渠道的优化，进一步提高了生产运行效率。在原有农产品仅有线下营销模式的基础上，涉农电商增设了农产品的线上销售渠道，将农民、农场、农民合作社、涉农企业以及消费者这五大主体建立直接沟通的平台，

---

① 程奎文：《"互联网+"农业助推我国现代农业发展的几点思考》，《天水行政学院学报》2015年第6期，第92~94页。

将较为分散的农民、规模较小的涉农电子商务的"小散乱"经营方式进行规范，逐渐发展成为寡头化的涉农电子商务平台，农产品仓储集中化的新型模式，行业更加细分化[①]。伴随我国涉农电子商务运营体系的逐渐优化和完善，现代农业的集中化程度将大大提高，形成农业一体化、农业专业化和农业产业化的新型发展态势。

（三）有利于重构现代化的农业流通体系

涉农电商物流运输系统和"互联网+"之间的联合，能有效促进农产品供求信息及时沟通，降低农产品运输过程出现问题的可能性，迎合购买方对农产品的个性化需求。最近几年，我国涉农电子商务交易额涨势较猛，电商界出现大量新型模式，如供应链整合模式、垂直电商模式、平台自营模式和平台网店模式等。涉农电商的经营主体范围涉及较广，主体规模从小到大依次为农民个体、专业大户、家庭农场、农业合作社、农产品及农资批发市场、农业产业化龙头企业等。涉农电商一方面利用在农产品的产地进行直销和预售的方式，加强买卖双方之间的沟通；另一方面，在运营涉农电商的同时，积极营造电商的辅助产业的规范化和合理化，优化农产品存储、运送、包装设计、建立品牌和提升产品质量等服务，将涉农电商打造为提供农产品供需信息、展示农产品信息、交易处理、账单结算和

[①] 王征、高旭：《论"互联网+"在促进农业产业化中的作用》，《金陵科技学院学报》（社会科学版）2016年第2期，第18~22页。

运输配送等一系列服务的农产品贸易体系。

（四） 有利于推进现代化的农业品牌建设

涉农电子商务平台的发展和完善，向不同地区小有名气的农产品增加了品牌化的可能，新网络媒体、移动终端和电子商务平台能够加速农产品品牌宣传和推广进程，并大大降低农产品品牌化的成本。"互联网＋"将紧密和农产品生产过程相结合，能有效促使农产品品牌化经营走向全新的历程。一方面，农产品经营主体如农民个体、专业大户、家庭农场、农业合作社和农业产业龙头企业将充分利用涉农电子商务的优势，对农产品营销过程进行进一步细分处理，重视需求者的个性化需求；另一方面，以大数据为背景，构建买卖双方信用评价体系，建立并完善电商平台及线下的征信体系，构建良好的农产品交易环境，促进农产品品牌和企业的推广。

（五） 有利于解决现代农业体系下的三农问题

三农问题特指中国大陆范围内的农村、农民、农业问题及随之产生的社会问题，是关系国民素质、经济发展、社会稳定、国家富强的综合性难题[1]。农村互联网的发展是新时期解决"三农问题"的一个契机，农村对互联网的合理有效运用会增加农村经济收入，改善农民生活质量，提升农村整体形象和经济实力。

---

[1] 谢琴：《社会学视角下的"三农"问题研究》，《安徽农学通报》2014年第8期，第12～13、第23页。

"农村电子商务第一村"浙江义乌青岩刘村,平均每个村民有两家网店,年收入过亿,这只是解决三农问题的一个良好开端。"互联网+"具有打破信息不对称、优化资源配置、降低公共服务成本等优势,农业和"互联网+"相结合实现城市公共服务扩散到周边农村地区,促成农产品的跨城乡流通,并以较低成本运营,助力城乡公共资源统筹和为新农村建设大发展构筑新平台[①]。

二 "互联网+"现代农业发展的瓶颈问题

(一) 留守农民受教育程度有待提升

在我国部分农村地区,电脑使用还不是很广泛,使用因特网的频率则更为稀少。留守村民的互联网触网率低的主要原因是平均受教育程度偏低,根据多种传播理论理解,媒介素养可以简单地定义为人们接触、解读、利用媒介的能力,而当接受教育的程度水平较低的情况下,媒介素养与之成正比,这也同样解释了留守村民受教育程度偏低直接导致了互联网利用率偏低的主要原因。当下农村的现状是年轻的劳动力外出务农,真正从事农业的主力军是妇女和中老年人。他们文化水平普遍偏低且接受新鲜事物能力较差,这也使有些农民和农企认为电子商务这种虚拟经济不安全,更倾向于实体交易,他们对因特网

---

① 周洪梅:《上海推进"互联网+"农业的思考》,《上海农村经济》2015年第9期,第19~22页。

的功能、特点了解不够。

尽管留守村民受教育程度普遍偏低是影响互联网推广的主要因素，但农村网络信息服务队伍建设严重滞后更是加重了这一问题。本来农村地区能操作并熟练使用电脑的人就不多，既懂网络传播技术又懂农业科学技术的复合型人才更是少之又少，即使农民有意向学习互联网的知识也无从下手。启蒙性指导的缺乏又使这一问题陷入恶性循环，根源也在于网络专业技术人员的缺乏。对农业信息传播、发展农村经济，人才是关键，而农村农业在吸引人才的力量最薄弱，在网络传播所需人才方面，没有相应充分的措施和投资，也是农民受互联网教育程度偏低的又一原因。

（二）农村网络基础设施不够完善

农村网络基础设施是为农村生产生活服务的网络公共服务设施，虽然近年来应用率呈现大幅上升的趋势，但仍有巨大发展空间。我国70%的人口生活在农村，相较城市而言，农村的网络基础设施不足、通信设施薄弱，并且地区与地区之间差异较大。在东南沿海地区，由于经济发展水平较高，具备自我发展的物质基础，所以农村的网络基础设施建设较快，农业网站的创办也较早，广大农民的应用率也较高。在沿海地区，尤其以北京、山东、浙江、江苏、广东五省（市）的农村网络基础建设最好，网站总数超过全国的40%。在中西部地区，尤其是偏远地区，网络基础建设还相当落后。在一些偏离城市的偏远农村，甚至电话的使用还有困难，互联网的接触还属于空白。

从整体来看，农村的网络基础设施已经延伸到基层，但村级信息服务站点尚不健全，信息传递在县级到最终用户之间形成了"梗阻"。就现实来说，实现农业信息网络"入村入户"的目标仍有很多困难需要解决。农村的大散居状况、地理面貌复杂决定了农村网络基础设施的建设成本较高，而经济实力本来就弱的农村无法满足市场利润率的需求，周而复始，恶性循环，农村的网络基础设施依旧有待改善，造成的整体情形就是农村的基础设施投放资金不足、投资效率低下、规划不合理，对互联网的发展普及有很大的障碍。迄今为止，我国农村仍有5万多个行政村没有通宽带，以乡镇电商服务中心为落脚点，没有负责区域的电子商务网站建设、管理和维护，以及农产品市场供需信息的收集、发布和网络销售工作的站点和岗位。在技术应用上，尚没有充分发挥卫星农业应用、农业精准作业等技术，农业物联网智慧体系不够完善，且农业生产智能决策存在重大困难。由此可见，农村基础设施的不完善很难使农村分享到互联网所带来的经济增长福利。

（三）总体发展规划有待完善优化

"互联网+"农业的本质是通过信息化技术，促进一二三产业融合，提高农业自动化和产业化经营水平，全面提高农业产业的竞争力。借助现代科学技术平台激发传统行业生命力的新课题，"互联网+"农业一拥而上、各自为政，缺少宏观上的"顶层设计"，非常容易形成片面性、局部性的发展态势，不利于"互联网+"农业的整体推进和协调发展[①]。不仅如此,最近几年由于"互联网+"农业的兴起,各主体部门开始"摸着石头过河",由于没有任何可以借鉴的经验,不免出现某些方面的角色缺失和越位问题。首先,一些地方在电子商务政策的制定过程中仅仅为面上数据制定政策,缺乏广泛和深入的调研,更不能将广大农民的优势和困难相结合,提出高于农户或企业能力的目标,忽略持续扎实、稳健的运营能力。其次,政策的延续性较差,政策刚刚落实还没有见到可观的成效,中途就换了另一种方法,这种规划性不强的直接后果就是耗时耗力。再次,在政策执行过程中监督和控制不到位,某一环节出现的误差和困难不能及时排除和处理,就会影响下一步计划和行动的进程和效果。最后,事后的反思和总结对整个规划也尤为重要,只顾追赶进程追求表面成绩,不反省错误,导致发展缓慢。

第二节 "互联网+"现代农业的发展模式

一 农场规模化生产经营模式

长久以来,我国农业以自给自足的小农经济为主要生产方

[①] 周洪梅:《上海推进"互联网+"农业的思考》,《上海农村经济》2015年第9期,第19~22页。

式，经探索开始实施家庭联产承包责任制。然而，社会转型时期的工业化和城镇化吸引了农村大部分年轻劳动力转移到城市就业，在加剧城乡分化的同时，也在一定程度上造成了农村土地资源的闲置、浪费，阻碍了我国现代农业的发展进程。从 2004 年开始，我国坚持以解决三农问题为中心进行现代农业的改革创新。依据党的十八大精神，对农村土地的规模化经营已成为现代农业改革创新的一个重要方向，而家庭农场又作为尤为重要的一种方式脱颖而出[1]。在西方国家，探索规模经济的重要实践就是家庭农场的兴起，在美国的家庭农场中，家庭成员是主要劳动力并拥有农场的所有权；欧洲则是农民在拥有或租赁的土地上进行耕种、生产和经营；俄罗斯的家庭农场是在土地私有化的基础上进行的；日本政府也鼓励农民向"中心农户"转移集中[2]。由此看来，中国的新型农村建设也将进行适合于中国农村的家庭农场模式。

在"互联网+"背景下，农场规模化生产经营模式主要采用"三结合"措施。首先，与农场生产结合，在农业机械作业方面，将基于 GPS、GIS 的现代信息技术装备到农场大型农业机械上，实现农业机械自动驾驶、施肥、喷药和播种等；在农业灌溉方面，采用农田土壤水分数据采集和智能节水灌溉系统，实现了灌溉的智能化、可控化；在田间管理方面，把遥感、视频等先进技术应用于田间作物生长监测和农业管理体系，实现

---

[1] 童彬：《农村土地规模化经营的理论构建与制度创新研究——以家庭农场的经营模式和制度构建为例》，《理论月刊》2014 年第 8 期，第 129~133 页。
[2] 窦祥铭：《中国农地产权制度改革的国际经验借鉴——以美国、日本、以色列为考察对象》，《世界农业》2012 年第 9 期，第 39~43 页。

作物生长动态监测和人工远程精准田间管理。其次，与农场经营结合，在农场企业化管理方面，建立管理网络和农场的 ERP 系统，利用互联网实现采购、管理、财务和生产计划管理等信息共享和业务协同；在农产品质量管理方面，依托物联网等信息技术，按照产业链建立质量追溯体系，实现对农产品质量的全程追踪；在农产品流通方面，通过建设农产品宣传与电子交易平台，可实现农产品的网上销售与交易。最后，与农场资源管理相结合，基于 GIS 技术的土地资源管理系统，实现对土地管理、经营、使用的可视化管理；以地理信息系统为基础，实现对林地管理、森林防火和水利防洪指挥的信息化[1]。

我国家庭农场的规模化经营仍处于探索阶段，理论构建还不太成熟，实践尚不可总结为理论。总体来说，家庭农场所依据的土地经营权流转大致分为四类：土地转包型、土地租赁型、土地互换型、土地入股型。家庭农场的界定条件为：家庭农场的经营者户籍为农业户口，以家庭成员为主要劳动力，家庭农场收入占比 80% 以上，经营状态相对稳定，家庭农场从业人员受过专门的农业技能培训，具有示范带头作用。这些特点也决定了家庭农场有传统雇佣制大农场不可比拟的优点，首先，家庭成员的工作效率和积极性将显著提高，并且使劳动力得到最大程度的发挥；其次，家庭农场可以更为灵活、有序地根据气候、病虫害进行防治和控制；然后，家庭农场可以节约中间环

---

[1] 刘桂才：《"互联网+"现代农业的主要模式与措施》，农博网中国水产频道，http://www.bbwfish.com/article.asp?artid=177289，2015-09-01。

节的费用和代理成本，使农民得到更大的优惠；最后，家庭农场也成为解决三农问题的一个有效途径，尤其是孤寡老人和留守儿童，使社会更为安定、和谐[①]。重庆万州的张泽城有机蔬菜农场是全国首家经工商部门登记的微型企业家庭农场，家庭农场已经正式登上农业改革的历史舞台。

二 高效设施农业模式

设施农业是现代生物技术和工程技术的融合，利用现代工业技术成果和现代农业生产理论为农产品提供生长资源，使动物或植物处于最佳的生长状态，提高农产品质量和产量，加速农业现代化的进程。现代设施农业是多领域、多学科的庞大综合应用，已经作为一种新型产业在我国得到初步探索和尝试。20世纪50年代，我国从苏联引进的从保护地栽培技术到温室、地膜、大棚技术，再到滴灌技术，每一阶段的设施农业都与当时农村的自然条件状态和经济发展水平相适应。近年来，我国的设施农业有了突飞猛进的发展，设施农业面积位居世界首位，并且设计制造了一套拥有自主知识产权的智能温室系统，同时也开启了我国利用高科技设施材料和先进的工程技术手段发展现代农业的新模式。有别于自然气候环境下进行实验的高效设施农业模式，目前已开发出与我国气候条件相适应的园艺设施，

[①] 付俊红：《美国发展家庭农场的经验》，《世界农业》2014年第12期，第18~20、第28页。

并且在保护地栽培、节水灌溉、机械化育苗、蔬菜花卉的培育方面取得了一定成就并逐步运用到实际中去。在温室主体建构方面，不仅设施质量有了很大提升，而且还开发了与之配套的设施体系，如加温、降温、保温设施，遮阳、覆盖设施，使我国的设施水平有了大幅提升[1]。

高效设施农业是"互联网+"现代农业发展的主要模式之一，互联网与现代农业的融合发展体现在三个方面。首先，与设施温室环境控制结合，利用信息技术搭建棚室智能控制系统，能够根据作物生长状态实时、智能检测和调控温室环境；在畜禽养殖场环境控制方面，通过计算机控制实现全程标准化、智能化运行；在水产养殖方面，利用农业物联网技术，配置水产养殖实时远程监测系统，对水产养殖环境进行实时在线监测。其次，与设施农业生产管理结合，在作物育苗方面，运用农作物育种的信息化和自动化技术实现工厂化育苗；在作物水分和营养液灌溉控制方面，通过对植物生长环境和生长状况监测，依托农业专家系统进行模糊综合判断，实现肥水灌溉的智能化控制；畜禽和水产养殖方面，利用物联网等现代信息技术，实现畜禽和水产自动监测和日程管理。最后，与设施农业经营结合，通过搭建设施农业管理与经营服务平台，对农产品市场进行科学预测分析，实现供求信息发布、农超对接、农产品在线交易等农产品电子商务活动[2]。

---

[1] 刘蕾：《我国设施农业发展现状与对策分析》，《农业科技与装备》2013 年第 4 期，第 57~58 页。

[2] 刘桂才：《"互联网+"现代农业的主要模式与措施》，农博网中国水产频道，http://www.bbwfish.com/article.asp? artid = 177289，2015 - 09 - 01。

要实现高效设施农业模式就要正视并解决遇到的困难，同时提升设施农业生产社会化服务能力，培养一批适合于设施农业且具备基本素质的现代化职业农民，为高效设施农业的推进储备人才。

三　龙头企业产业化经营模式

农业产业化经营运用先进的现代化农业方法改善现代农业、农产品的生长和营销。农业产业化关注国内外农产品市场的动向，依据先进的科研背景，依靠主流农产品，为提升经济效益组合具有竞争力的各项生产要素，对农业经济进行分区域化生产，实施流水线经营、一体化生产、社会化服务和企业化管理，营造市场决定巨头企业、巨头企业牵动基地化生产、基地化生产带动农民个体，层层促进的高效运作模式[①]。最早进行农业产业化研究的是美国，在养鸡业、养猪业、水果种植业、农作物种植业展开，并从原来的单一农户向私人公司、合作社、跨国公司等多种合作经营方式转变。在我国，当时传统的家庭联产承包责任制发掘了微型经济主体的劳动积极性，伴随着农产品市场化的提高，收购并销售的加工企业在谈判中相比于分散的农民则处于优势一方，在农业生产的农资供应上，异化为供销商。当农业由产中农业向产前、产后延伸产业链时，某一追求经济利润最大化的组织就形成了农业产业化龙头企业。随着全国各地农业产业化

---

① 李静：《城乡一体化背景下河南农业产业转型困境及对策》，《农业经济》2015 年第 10 期，第 30~31 页。

进程的推进，组织经营模式已经发展为"公司+农户""公司+基地+农户""公司+专业合作组织+农户""公司+专业合作组织+基地+农户"等模式。现代农业方式和形式的创新多样，使得农业产业化龙头企业在解决中国农村问题上更为灵活，更有效率[①]。由于受经济发展、地理因素等原因影响，龙头企业呈现较为突出的特点。我国龙头企业区域分布不均，与农户的连接公平性和利益分配方式影响农业产业化进程的效率和效果，应从产业长远利益出发，积极探索一条成熟的龙头企业农业产业化模式[②]。

龙头企业产业化经营模式能够将现代信息技术充分应用到现代农业领域，首先，在生产环节，龙头企业依托互联网手段，通过便捷的网络通信渠道辅助农民进行科学的生产决策，并积极引导小农经营向规模化、集约化方向发展。其次，在加工环节，龙头企业应用信息技术实现农业生产全程的一体化管理，促进企业管理科学化和高效化。再次，在销售环节，利用射频技术和传感技术，实现农产品流通信息的快速传递，减少物流损耗，提高流通效率；引入商业智能和数据仓库技术开展数据分析，提供有效的市场决策；通过打造电子商务和网络化营销模式，促进农业生产要素的合理流动，构建高效低耗的流通产业链。最后，在消费环节，利用物联网技术建立农产品安全追溯系统，让原本游离于产业运行体系之外的消费者能够了解到

---

① 朱炜、王新志：《农业产业化经营模式的演变与农工一体化企业发展——以山东省为例》，《山东财经大学学报》2015年第5期，第91~99页。
② 余涤非：《我国农业产业化龙头企业战略研究》，中国海洋大学博士学位论文，2012。

农产品的相关质量信息，促进放心消费。

四 农民专业合作社社员服务模式

农民专业合作社是由农民自发组织成立，在工商部门注册登记的一种互助型经济组织，合作社社员相互提供农产品的销售、加工、运输、贮藏技术，在过程中自愿联合、民主管理，实际上就是一家微型企业。我国农业用地的整体情况是人多地少，家庭联产承包责任制时期进行了土地的使用权和收益权的确认，在确认时又综合土地质量优劣、位置等诸多因素进行了分配。这种一家一户的承包方式使我国农村的农产品生产力被限制在狭小的土地上，影响了大型农业机械的作业，生产力只能解决温饱，而不能致富。随着中国加入WTO，我国农业面临的冲击最大，无论是占有率、竞争力都大幅减弱，微型农业生产的现状必须转变才能改变我国落后的农村生产力现状。农民专业合作社作为中国新型农业经营主体之一，在我国的农地生产经营问题上进行了探索，并且主要有"合作社+农户""合作社租赁经营"以及"股份+合作"三种模式。这种以土地承包经营权为基础进行的农民专业合作社模式，得到国家的大力支持，并且农民专业合作社的"民办、民有、民管、民收益"原则使得整个土地流转程序规范、透明化[1]。农民专业合作社形

---

[1] 丁关良、蒋莉：《土地承包经营权入股农民专业合作社有关法律问题研究——以浙江省为例》，《山东农业大学学报》（社会科学版）2010年第3期，第1~7、第111页。

式灵活，完全自愿，农民合作社内成员的农地风险小、收益大，促使农民增产增收。但是，我国农民专业合作社人才稀缺、科技水平低，缺乏综合性较强的农业人才。可以鼓励大学生、研究人员返乡支持农业发展，利用在编制、岗位、工资方面的优势，争取人才流入、才有所用。组织对合作社负责人的培训学习，培养出一批以实践为基础，理论做指导的复合型人才。

农民专业合作社实现"互联网＋"，可以通过四个"结合"来完成。与合作社管理结合，用现代化网络通信、计算机及空间信息技术建设合作社办公系统，依托物联网，建立农产品质量追溯系统，实现农产品全程质量追溯；与合作社对社员生产指导结合，建设农业专家系统，方便、智能、准确地指导生产者进行科学决策、管理，为社员提供产前、产中、产后技术指导；与合作社对社员市场服务结合，通过网络、手机等手段，为社员提供产前种植品种、农资服务，产中提供种养技术指导、病害诊断与防治等，产后提供市场价格与行情等服务；与合作社农产品销售结合，建设合作社网站和电子商务平台，通过网站提供在线销售，开展电子商务[①]。

五　个体农业生产经营模式

个体农业生产经营模式是在以家庭承包经营基础上发展起

[①] 万积平：《借力农民专业合作社加快推进甘肃农业供给侧改革》，《甘肃农业》2016年第15期，第18～27页。

来的，使农民和农业生产经营者获得经营自主权，调动农民和农业生产经营组织的生产积极性，促进农村生产力的发展[①]。由于个体农户以私有制为基础，在使用新型生产工具、抵御自然灾害、应用农业科技等方面存在问题，使得少数地区重新出现了两极分化，进一步发展农业生产力受到一定限制。因此，个体农业生产经营模式是在历史进程中做出突出贡献的生产模式。党的十八届三中全会提出坚持家庭经营在农业中的基础地位，推进多种模式的农村经营方式创新，加快构建新型农业经营体系，为农业生产经营输入新鲜血液，加快农业现代化进程[②]。在农作物生产中，个体农业生产模式有其灵活性和特殊性的优势，可以生产精细型作物，适合小批量多品种农作物生产。精细型技术和手段在生产过程中易转化，操作简单，是在我国特色农产品需求量大的情况下不可缺少的生产经营方式。另外，农村劳动力的外出，很多家庭农田无人耕种，农田的耕种者主要集中为老人和妇女，他们对新技术和理念的学习性较低，难以将个体生产经营的优势发挥到最大[③]。在资金方面，发展个体种植需要的资金流来源小，扶持力度小，个体农户的种植效果也远远达不到预期。

---

① 柯涛：《从建国后农村土地政策的演变看党始终代表先进生产力的发展要求》，《辽宁行政学院学报》2010年第7期，第75~76页。
② 严立冬：《农业现代化与农业产业化》，《中南财经大学学报》2001年第2期，第42~47、第126~127页。
③ 沈翠珍：《特色农产品品牌经营的五大理念》，《武汉工业学院学报》2009年第4期，第125~128页。

家庭农场和种养大户主要通过生产领域、管理领域和经营领域实现"互联网+"现代农业。在生产领域，基于物联网等现代信息技术与农场或种养机械设备相结合实现生产机械的自动化和智能化；利用计算机信息化网络系统和农业自动化数据采集和控制设备，建立农业标准化生产管理系统，实现自动控制灌溉和施肥；依托物联网、移动通信等信息技术，建立养殖场信息管理系统，实现智能化和自动化养殖。在管理领域，以HACCP（危害分析和关键控制点）体系为基础，建立绿色蔬菜供应链安全质量监管系统，实现绿色蔬菜生产、配送、质量监管的综合信息管理平台；利用计算机网络信息技术，建立畜产品的可追溯系统，实现对家庭农场和养殖大户提供畜产品全程质量控制。在经营领域，家庭农场主或种养大户通过自建网站，或者社会搭建的农产品电子商务平台，发布农产品供求信息，以及实现农产品网上交易。

第三节 天津"互联网+"现代农业发展现状

一 "互联网+"农业在天津的实践

（一）"互联网+"农业战略实施

天津市从2013年起开始推进提升农业、农产品科研创新、安全农产品、农业功能延伸、涉农电商发展、新型农业运营系统这六项农业工程，促进现代化沿海城市农业建设。这六项农业工程中最重要的就是涉农电商发展和农产品科研创新，先进的科研创新成果不仅可以促进农业科学技术的自主创新性、农业高新技术产业的发展、现代农业科学技术服务水平提高，还将大大提升现代农业所需人才的能力水平，增加转化市场的潜在能力、农产品的附加值、筛选并优化新产品、新科技、新设备[①]。

农业物联网构建工程为农民建立买卖双方交换信息、销售农产品的平台，农民在种植农产品的过程中，通过物联网的传感器收集大棚内部农产品的生长状况，可以实现远程查看农产品的长势状况和生产情况。天津是"农业物联网区域实验工程"试验区，作为全国仅有的三个试验区之一，目前已建成一个畜牧养殖基地、三个水产养殖基地和五个设施蔬菜基地，实施了农业物联网的试运行。在实践运行中，涉农电子商务可以将"信息网""电商网"及"物联网"结合运营，这种结合方式能够改善、优化现代农业的发展方式，促进现代农业供给侧结构改革，以创造更大经济效益，建成为现代农业发展的标杆。

天津市主动扶持各类涉农电子商务企业的运营，包括"优农乐选""津农宝""食管家"等优秀品牌企业，鼓励并支持一些应用示范企业的发展，如"双街电商村""际丰蔬菜"和"蓟州农品"等。天津市推行现代农业和电子商务的结合，不断提高天津

---

① 《天津：现代都市型农业进入"互联网+"时代》，《中国经济时报》，http://www.moa.gov.cn/fwllm/qgxxlb/tj/201505/t20150522_4611582.htm，2015-05-22。

现代农业的信息化、网络化程度及现代电子商务的现代化水平，促进天津市规模农业企业发展电商平台。增加电商平台线上线下结合的营销方式，创造更大经济效益，其中最重要的就是完善跨城市和乡村区域庞大的电子商务服务系统构建和正常运营的维护。

（二）"互联网+"农业政策梳理

近年来，天津市出台了一系列关于"互联网+"农业的政策，有力地推动了现代农业的发展。

天津市在2014年发布《关于支持500个困难村发展经济的实施方案》和《关于加快发展现代都市型农业促进农民增收的意见》，这两项政策的出台为现代农业的发展指明了道路和方向，能够加速农产品的物流运输速度，对农产品地区性收集和分散、农产品的原产地和销售地的农产品市场体系进行完善，扩展农产品对外贸易方式，如涉农电商、直供直销和会员购买制等方式，构建独具天津特点的现代农业模式。

天津市于2016年发布了《关于落实"互联网+"现代农业实施"三网联动"工程实施方案》，该方案高度重视农业和"互联网+"相结合的现代农业工程的实施，将传统农业和"信息网+""电商网+"及"互联网+"这三种现代化信息网络技术相结合，促进传统农业向拥有更多科研技术的新型现代化农业跨入，促进现代农业的信息化发展。

2016年9月，天津市为贯彻落实国家有关农业供给侧结构改革的政策，加大对天津市农业品牌的宣传推广，发布了《关于加快推进农产品品牌建设的实施方案》,该方案定位于打造京津冀绿色农产品的物流中心区、农业高新技术产业示范区和菜篮子农产品供给区的综合目标,本着将天津市品牌企业、品牌产业和品牌产品做大做强的理念,为现代农业搭建销售平台,提升农产品品牌识别度和认可度。

天津市于2016年8月出台了《天津市关于积极推进"互联网+"行动的实施意见》,指出:应将"互联网+"现代农业作为未来农业的发展方向,促成现代农业向精细化、智能化和网络信息化进程发展,加速现代农业与物联网相结合的结构建设,充分健全和利用信息服务网、政务网和物联网等网络体系的服务,建成围绕北京,涉及天津、河北的综合网络服务体系,更好地服务农民和消费者。

二 "互联网+"农业对天津农业的影响

伴随着"互联网+"与现代农业的深度融合发展,天津市全面实施了"信息网+现代农业""电商网+现代农业"和"物联网+现代农业"三大工程,使用信息化的现代科研成果促进农业生产各阶段的顺利运营[1]。

（一）农业和"物联网+"融合,转变农业生产方式

农业和"物联网+"的组合是将网络发展的新技术应用于

---

[1] 金慧英:《"互联网+"农业让现代农业展开信息化双翼》,中国农业新闻网,http://www.xjxnw.gov.cn/c/2017-02-14/1120260.shtml,2017-02-14。

农产品生产中，运用网络化信息处理系统，监控动物或植物等生命体的生长过程，为这些生命体建立生长过程各项指标的大数据库，运用科学化的智能模型高效监控生命体的成长及周围环境的变化。"物联网+现代农业"使天津现代农业逐步向增加农产品产量、提高农产品质量、降低生产消耗的模式改善①。宁河原种猪场是具有较强代表性的地方龙头企业，拥有全国最大的种猪测定中心，在种猪的生产过程中，已经实现了较高技术的检测体系，形成了自动喂养系统，改变了传统的人工模式，大大提高了种猪的生产效率。天津滨海国际花卉科技园区引入物联网之后，将原来需要大量工人操作的花卉产业转变为智能化生产，使花卉产业的生产模式更加优化。如今，天津市已有很多企业引入物联网技术，建成30个智能核心试验基地，辐射带动90家水产养殖企业、100家畜牧企业、50家种植企业。天津奥群牧业有限公司通过物联网云服务器整合分析、智能终端数据采集、和RFID无线射频识别等现代化先进技术，大大改善了种羊的品质。

（二）农业和"电商网+"融合，转变农业流通方式

原始的农产品流通方式一般为多种渠道、多个主体、多项环节，这种流通方式存在一定弊端，将逐步被农产品直供直销的扁平化模式取代，促进以销定产。这种流通方式的优化路径

---

① 金慧英：《"互联网+"农业让现代农业展开信息化双翼》，中国农业新闻网，http：//www.xjxnw.gov.cn/c/2017-02-14/1120260.shtml，2017-02-14。

之一便是发展"电商网+现代农业",通过网络构想方式和现代网络科研水平来促进流通方式优化。农业和"电商网+"的融合还能产生全新流通主体,促成产销良好匹配,逐渐推动相关农业企业品牌化做大做强。在信息服务中,客户通过登录合作社的网站下订单,订单通过信息系统传输给生产、物流、质量检测各个部门,客户可以在网站上检测所需商品的生长状况、物流配送情况和质量安全情况,随时随地调取全过程信息,增大了农产品买卖的透明度。

"互联网+"的理念逐渐被社会各产业所接纳,京东、淘宝、天猫等网商平台逐渐重视涉农电商工作。2016年5月,天津市组织了"网农对接"系列活动——品牌农产品(企业)网上营销,天津市着力推动农产品网络销售全覆盖,实施农产品电子商务示范工程和招商引资工程,鼓励社会企业创新农产品电商发展模式,扶持培育了"食管家""津农宝""优农乐选""网通电商"等本地电商示范企业18家,新增网上销售农业企业、合作社500余家,产品800多种,农业经济效益大幅度提升。天津农产品电子商务发展初具规模,农产品销售呈现线上线下互促互助局面。

天津市支持涉农电商的发展,鼓励大型电商平台企业开展农村电商服务,推进农村区域电商试点示范和企业电商化,建立健全适应农村电商发展的农产品质量分级、采后处理、包装配送等标准体系。

（三）农业和"信息网+"融合，转变农业服务方式

农业和"信息网+"的融合汇集了农业领域的各种信息，对信息进行加工处理，运用现代化信息传播方式予以对外发布，能够有效改善信息服务方式，并提升服务效能。转变农业服务方式的核心是通过多元化、社会化、便利化的新服务模式串联、引导各类经营主体进入现代农业轨道。"信息网+农业"正是具备了这样的潜质，能够催生现代农业服务产业新形态、新模式和新机制，从而实现农业供给侧的革命性变化，提高农业生产要素和服务的供给质量。天津市静海区际丰蔬菜种植专业合作社按照"公司+联合社+合作社+农户"模式，全部网上订购，实现了消费订单引导生产。

天津市搭建了农业物联网平台，包括企业应用平台、行业示范平台、创新研究平台、公共服务平台、生产支撑平台、资源集成中心、质量安全追溯平台、农业电子商务平台八大子平台，集成138个应用系统，涉及17个领域数据库，移植总计44个涉及种植业、水产养殖业、畜牧饲养业等的物联网子平台系统。在这些平台系统的共同作用下，天津市现代化农业将为各相关部门和企业创造更多利益，提供更加个性化和优质的服务。在推进农业物联网区试工作中，天津市构建了农产品安全控制和监督管理体系，严格控制家禽、家畜、粮食、蔬菜的质量水平，做到对这些农产品从生产过程到投入市场进行层层质量把关。建立农民和农业信息之间沟通的桥梁，为每个村开设12316

助农信息服务站。研发先进的农作物防害技术，助力农民脱贫致富。

三 天津市涉农电子商务发展现状及问题

针对天津市涉农电子商务发展现状，从是否开展电商业务的角度，设计了针对农业经营主体：农户（包括种养农户、家庭农场等）和涉农企业（包括专业合作社和农业企业等）为样本的调查问卷（见附录1、附录2），走访天津市市区及蓟州、静海、北辰等区，开展问卷调查。对调查获得一手样本数据统计分析后，本书对天津市涉农电子商务发展现状和存在的问题进行了深入的分析。

（一）涉农电子商务推广和发展现状

通过调查了解，从未上过涉农网站的农民占比57.37%，有时浏览网站的占38.25%，经常浏览涉农网站的农民仅占4.38%。数据显示涉农网站的利用率还不高，涉农电子商务在天津市农民中渗透率还较低，因此利用电子商务手段优化农产品流通渠道在农村的普及还具有一定困难。部分农民还认识不到电子商务能够给自身带来的切实利益，有56.91%的农民认为网络销售对于农产品销售影响不大，认为没有影响和不知道的分别占11.52%和11.06%，而认为影响很大的占20.51%。

通过对未开展电子商务业务的农民进行调查，大部分农民都愿意尝试涉农电子商务，没有考虑过电子商务的农民占39.86%；38.25%的农民表示有机会的话想尝试涉农电子商务；16.13%的农民非常想要尝试，但是不知道具体的操作流程；也有少部分的农民已经开始着手准备利用电子商务进行农产品交易，占比5.76%。农民最关注的问题为网店宣传和农产品运输，比例均为39.39%。同时，也有很多农民关注产品质量标准、物流成本、配送问题。此外，有18.18%的农民关心盈利突破口，15.15%的农民分别关心仓储不足和企业运作流程问题。

在农产品生产方面，大部分农民采用自产自销的生产方式，占比60.37%，18.66%的农民采用代销，13.82%的农民采用自加工的生产方式，7.14%的农民采用收购的方式。大部分农民还处于"生产-销售"的传统经营方式。关于农产品生产和销售的状况，37.10%的农民采用批零兼营的方式，紧随其后的为批发和零售，分别占比29.03%和24.19%。农民对于目前经营状况认为满意和非常满意的分别占29.26%和1.61%，大部分农民对于目前的经营状况认为一般和不满意，分别占比57.83%和11.29%，整体满意度较低。

已经开展电子商务的涉农企业在经营方面做出了提高和改善，60.62%的企业利用电子商务拓宽了市场和新客源，有36.36%的企业降低了成本，33.33%的企业在销售过程中增加了利润，其次分别有30.30%、30.30%、24.24%的企业提高了管理水平、竞争力以及扩大了生产规模，有12.12%的企业认为没有明显帮助。已经开展电子商务的涉农企业对于目前经营现状的感受中，57.58%的企业感觉一般，感觉满意及以上的占比33.33%，其中非常满意的仅占3.03%。从数据可以看出，大部分企业仍希望目前的发展状况有所改善。

（二）天津市涉农电子商务发展存在的问题

1. 普及问题

通过对调研数据的整理与分析发现，在天津市农村地区电子商务普及率仍较低，普及范围较小。

对电子商务了解尚浅。大部分农民对于电子商务了解少甚至没有了解，对于电子商务及使用过程不熟悉。此次调查的涉农企业（合作社）中，基本都能将互联网应用于生产、销售、流通等不同环节，但是，仅有不足20%的企业加入电子商务平台中。而在统计非电商涉农企业时，大部分还未接触过涉农网站，仅有4.38%的农民经常浏览涉农网站。在调查电视、网络等媒体信息对农民的收入是否有影响中，认为有影响的占20.51%，大部分对于媒体的重视度不高。

依赖于传统销售方式。大部分农民习惯于传统的经营方式，对电子商务带来的巨大商机和利益持怀疑态度和观望态度，认为电子商务距离他们还比较遥远。从上文的数据中可以看出，大部分农民认为电子商务适合年轻人而非踏实肯干的农民。在电子商务的大潮下，农民还未意识到其重要性和必要性，还在依赖于传统生产销售方式，缺乏营销观念，再好的产品没有良好的销售渠道也无法打入市场，创造销量和利润。

2. 手段问题

通过对调研数据的整理与分析，销售渠道狭窄、营销技术欠缺、运输仓储问题等因素使农民获利较少。

销售渠道单一被动。在农产品流通方式上，被调研农户基本采取的是中间商集中采购，农产品被动等待市场选择。从数据上来看，30%以上的农民都采用批发的销售方式。传统的销售渠道中间流通环节复杂，运输、储藏等耗损成本大，经过层层的中间商，利润较低。利用电子商务可以给农户提供一个全新且广阔的平台，让农业产业化向前推进，从而使有条件的涉农企业充分整合上下游资源，进一步做大做强，去中介化，打破消息闭塞。

缺乏电子商务营销技术。通过此次调查访谈，发现农民自身教育水平有限，不懂营销技术，如网店装饰、数据分析、营销规划等，而数据分析是电子商务营销的根基，不懂得分析数据成为农民的一大软肋，直接导致店铺经营不善、流量少、产品转化率低等问题。

运输成本较高。由于农产品自身的特殊性和农村地区交通条件的局限性，物流成为天津市农村推广涉农电子商务的一大阻碍。数据显示有33.33%的农民认为物流费用高，当地物流设施不完善。而农民个人的力量较小，单次销量有限，所以物流成本较高。此外，因为部分农村地理位置偏僻，所以发货十分不便，影响销售效率。物流是发展电子商务中十分重要的一个因素，所以也是亟须改善的一个环节。

3. 推广问题

由于农民自身力量薄弱，信息来源匮乏以及缺少人才对接渠道等原因，严重限制了农产品推广市场。

获取信息渠道有限。目前天津市的互联网虽然普及率较高，但是大部分农民尚未把网络有效应用到农业生产中，寻找销售渠道还处于传统阶段，等待购买商上门收购的农民达到48.85%，十分被动，市场信息来源不可靠，严重不透明，经常出现积压甚至亏损的现象。除此之外，农民获取政府相关政策的信息来源不及时且不可靠，信息最主要的来源是电视，比例为64.29%。在如今信息化时代，还停留在传统获取信息的阶段，导致农民不能及时根据政策做出调整以及受惠。农民应该提高网络的利用率，这样才能够大大提高信息的可靠性和获取速度。

缺乏专业电子商务人才对接渠道。此次调查关于电子商务技术人员招聘情况，认为容易招录的仅占18.18%。此外，在统计企业内部是否设有专门的电子商务部门时，数据发现有一半已经开展电商业务的企业还未设置电商部门，可见企业在电子商务人才方面的欠缺。由于农村地区条件以及国内人才市场限制，如今缺乏的是懂得B2B、B2C、O2O、移动互联网等新概念，既具备传统农业业务经验、又精通网络运营的跨界人才。解决涉农电子商务人才对接问题，既能够改善大学生就业，也能够帮助涉农电商企业走向专业化，实现双赢。

第六章
产品流通与现代农业

现代农业发展的理论与实践
THEORY AND PRACTICE OF MODERN AGRICULTURAL DEVELOPMENT

现代农业的发展过程不仅包括物质装备、生产体系的现代化，更包括流通的现代化，农产品流通是连接农产品生产与消费的重要环节，是促进现代农业发展的关键所在。因此，加速推进农产品流通渠道的发展，是我国实现现代农业飞速发展的重要途径之一。

第一节 "互联网+"背景下农产品流通渠道

互联网技术在农产品流通领域的优势在于能够关注到农产品流通的每一个细微环节，对农产品的整个产业链都进行监控。

一 农产品生产环节

互联网在农业和农村信息化领域中已经有了初步应用，如传感技术在精准农业的应用、远程监测和遥感系统等[1]。通过互联网中的传感器对数据的实时采集和历史数据存储，可实现对农业生产环境信息的实时采集和对采集数据进行远程实时报送。关于农业互联网在农业生产领域应用的方面有很多，例如对土壤养分和墒情的实地监测，能够对耕种方式、作物类别和品种

---

[1] 姚建松、仲云龙等：《物联网技术在嘉兴市现代农业的应用研究》，《农业装备技术》2012年第2期，第4~10页。

的选择提供参考；测量并控制农业大棚的温度、农产品生长自助化管理、检测土地湿度并对湿度较低的土地进行适时滴灌。利用现代化科技制造出的传感器和智能化设施，自动监控农产品的生长状况和生长环境[①]。

二 农产品加工环节

农产品运输配送的起点是农产品加工生产地，在配送的过程中，需要对农产品进行包装，为将要运输的农产品设置电子标签、电子封条，并为运输农产品的车辆设置电子标签[②]。农产品电子标签的使用和生产环节一样，对单个农产品应用条形码技术，将标签贴到商品上，在装车的同时，将数据上传到农产品安全管理中心。互联网技术将实现在农产品深加工方面的自动化和智能化，通过现代化、自动化设备与技术的运用，完成农产品深加工多个环节的智能处理和远程操控，实现解放人力、降低成本、提高生产效率和提高产品质量的多重目标。

三 农产品运输环节

农产品运输过程衔接了各个环节，从生产起点到销售终端，

[①] 彭细桥、王江伟、李宏光、陈颐、刘红艳：《物联网技术在现代烟草农业信息化管理上的应用及发展趋势》，《广东农业科学》2012 年第 2 期，第 145~147 页。
[②] 杨海东、周洺：《基于 RFID 的农产品安全监控系统研究》，《微计算机信息》2008 年第 5 期，第 190~192 页。

建立起整个流通渠道。农产品配送过程中,所有产品配送的快慢、安全及准确性决定着运输配送过程的高效运行。

运输配送和互联网发展间的关系越来越密切。首先,提高自动化程度、降低运输成本。互联网系统能够从负责运输的部门接到运单,完全不需要人为干预可以自行查看车辆信息,分析并设计出包括使用车辆数量、最优行驶路线等信息在内的运输方案,真正做到运输方案最优,实现运输方案的自动优化,在一定程度上降低了运费[①]。其次,加速信息沟通。运输配送车配备 GPS 定位设置、IUID 读写器、传感器,建立农业供应链监控系统和运输车辆之间的信息机制,便于物流企业做到对运输车辆地理位置和农产品运输状态的及时监督[②]。同时,互联网还能促进物流企业对相应船只、车辆实时掌控,及时维护,确保安全,见图 6-1。

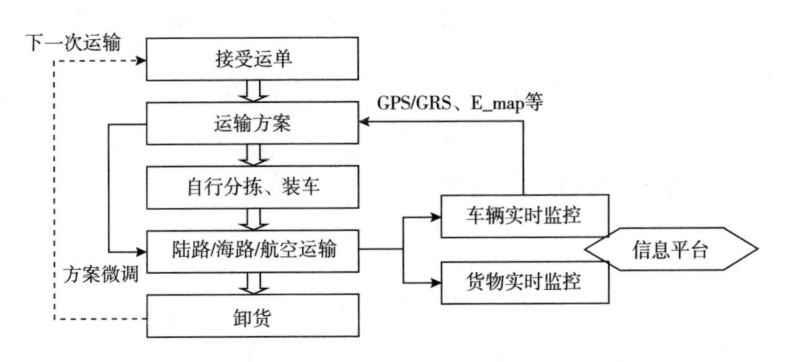

图 6-1 供应链运输环节流程

---

① 周蓓蓓、王怀林:《物联网技术对供应链运输管理的改善》,《物流科技》2011 年第 7 期,第 104~105 页。
② 郑蕊:《RFID 技术对供应链收益的影响研究》,《西安石油大学学报》(社会科学版) 2016 年第 4 期,第 43~47 页。

四 农产品仓储环节

在农产品流通过程中，仓储是一个核心的环节，合理高效的仓储条件能够实现对货物的有效监控和管理。提升仓储企业核心竞争力的关键是在实现降低存货投资的基础上，提高资源的使用率、节约时间成本和完善存货控制与监管。仓储环节的一个重要要求是信息化，信息采集决策系统、信息化仓储和无线射频技术的运用使仓储朝着自动化、智能化的方向发展[1]。

传统流通方式的仓储环节使用局域网，局限于单一仓储运输中心内部，且须每次呼叫网络才可使用，仓储系统比较独立，智能化范围较小。加入互联网之后，可以建立起仓储系统的网上联系，冲破信息沟通的隔阂，建成互联网式仓储系统[2]。

五 农产品销售环节

互联网技术的运用可以优化零售商的库存管理，实现零库存管理和及时补货，并能够实时地监控物品移动和车辆运输，

---

[1] 黄志雨、嵇启春、陈登峰：《物联网中的智能物流仓储系统研究》，《自动化仪表》2011年第3期，第12~15页。
[2] 武晓钊：《物联网技术在仓储物流领域应用分析与展望》，《中国流通经济》2011年第6期，第36~39页。

提高零售环节管理效率[①]。农产品贴有电子标签时,移动过程中安装互联网技术的产品架可以智能地发现这些变化,并反馈给网络系统。所以,这种系统可以及时考察库存量,并在当货物较少时,能够及时进行补货,在降低存货成本的同时能够及时发现货物短缺,并及时填补。作为消费者,在购买商品后,可以利用商品上的识别标签,对商品的整个生产链条中产生的详细信息进行全面系统的了解。同时,企业也可以通过对消费者的使用体验进行追踪,针对消费者用户体验发现问题、解决问题,提升人性化、个性化服务水平,提高市场占有率[②]。

六　农产品流通发展趋势

农产品电商集成模式发展成熟。企业 B2B 电商平台、B2C 电商平台等纷纷推出相应的集成交易模式业务,使各类农产品以及与之相关的生产和生活资料、资源等得以通过电商渠道完成交易,在天猫、淘宝、京东等综合电商之外的专门的、区域性的农产品集成电商逐渐发展起来,如广西糖网、山东莱芜农产品储销集成模式等逐渐发展起来,并将成为未来的主要发展趋势。

农产品自营模式将日趋完善。随着电商平台的开放和自营平台的建设,自营电商成为很多农民和企业的选择,同时也丰

---

① 艾伶俐、郭静、张磊:《基于物联网的供应链信息共享》,《物流科技》2012 年第 3 期,第 86~88 页。
② 孙晓晨:《物联网对肉类产品供应链竞争力提升的研究》,河北科技大学硕士学位论文,2012。

富了物流模式选择，提高了效率，线下体验店的建设配合线上销售，互相促进。同时，许多成熟自营电商也开始探索开放平台领域，尝试"平台+自营"的立体交易模式。

农产品大宗交易市场将开发多种现货交易模式。电子竞买交易、电子竞卖交易、买方挂牌交易、卖方挂牌交易等多种现货交易模式都将在大宗商品交易市场得到运用和尝试。现货模式多样性的成功探索有广西糖网的物流金融模式、四川白酒交易中心的产业集群模式、山东莱芜同盈储销网的交易集成模式等。

农产品电子商务物流配送将形成以自营物流配送、联盟物流配送、物流一体化、"O-S-O"物流、第三方物流配送、第四方物流等模式为主导的多种流通模式共存的局面。

农产品食品安全追溯体系将更加完善。以生鲜为代表的农产品电子商务必须加强和完善食品安全溯源体系建设，以满足市场的公开化、透明化需求。在普通农产品的基础上，有机食品、绿色无公害食品、中国地理标志产品等，都必须严格遵循食品安全追溯体制要求，具备食品安全的追溯性和责任性。

第二节　国内外农产品流通渠道经验借鉴

国外现代农业的主要发展经验是充分应用现代科技，从农产品特征出发，围绕客户需求，构建顺应产业发展的农产品流通模式。在美国、日本这样的市场经济高度发达的国家，在农产品流通这一关系民生的重要领域，政府的全面支持也发挥着经济社会的稳定器作用①。

一　德国：电子商务+冷链物流

德国一直不断运用现代科学技术加大对冷链保鲜物流技术的研发和应用，诸如肉类、奶类、蛋类、蔬果类、水产类、饮料类等食品，在全流通环节都处在冷藏链中。德国发达成熟的农产品冷链保鲜物流技术反映了德国已经建立起高效、低耗、安全的农产品流通渠道。电子商务和冷链物流技术的广泛结合运用使德国农产品流通渠道的作用得以较大程度的发挥。

首先，满足不同时节的个性需求。冷链物流和电子商务技术结合实现了非应季性农产品在市面上跨区域的安全流通，满足不同区域居民不同时节的个性需求，在一定程度上体现了居民生活品质的提升。

其次，增加品质附加值。农产品在经过流通环节时存在加价问题，加价是附加值提高的形式，盲目提高成本引起的加价不利于市场稳定，更是传统流通方式中的大忌。通过综合电子商务平台能够利用产品上的电子标签，对农产品周围的温度进行监测，及时控制调查制冷设备。

---

① 白雪洁、王迎军：《政府在打造天津农产品流通产业链中的作用与切入方式》，《决策咨询通讯》2009 年第 1 期，第 17~21 页。

最后，减少资源浪费。冷链物流和互联网技术的广泛结合与运用一方面可以有效减少产品腐损，另一方面也可以减少无效劳动。产品腐损过高意味着劳动投入的无效率越大，产品腐损并不是单纯的产品浪费，在一定程度上也意味着劳动资源的浪费。

二 美国：互联网+零供对接

美国农产品生产的显著特点是规模化，流通渠道中批发环节所占的比重较少，由于农业现代化程度较高，农场规模较大，产品产量多，农场主能够满足超市、便利店等销售终端对产品数量和种类的需求。美国的农场主针对零售终端的需求进行生产，利用互联网技术，使生产信息和消费信息进行有效对接。同时，由于中间环节的减少，生产端和销售端能够实现对接，在一定程度上减少了流通损耗。

首先，减少中间环节。美国农产品的流通渠道批发环节所占的比重较少，在生产规模化和互联网信息技术的带动下，农场主能够满足超市、便利店等销售终端对产品数量和种类的需求。

其次，减少流通损耗。美国果蔬在物流环节的损耗率仅有1.5%，而中国要高达30%以上。现代化的物流技术和互联网技术在生产端和零售端都能够灵活运用，一方面，生产端在规模化产量下需要必要的仓储技术和互联网监测控制技术；另一方面，零售端为降低成本，节约资金，普遍使用先进的运输技术和互联网溯源跟踪技术。由于中间环节的缺少,生产端和销售端能够实现对接,在一定程度上减少了流通损耗[①]。

最后,稳定产销关系。美国的农场主针对零售终端的需求进行生产,生产信息和消费信息能够进行有效对接。零售终端面对的直供方不是分散的小规模农户,而是实力强大的农场主,强强联合的形式和供产销信息的对接能够有效避免生产的盲目性。

三 英国:政策体系+安全监管

英国作为一个现代经济发展历史悠久的发达国家,其农产品安全监测机制比较健全、与互联网技术的结合比较充分、具备比较完善的食品安全法律体系。在监测机制和法律体系比较完备的保障下,英国很少出现食品安全问题。

首先,独立的监管机构。英国于1997年成立了食品标准局,独立监督,不隶属于任何政府部门,按照相关的法律法规行使食品安全监测的职责。这种做法避免了机构之间的利益冲突,有助于明确职能和权限,充分发挥监管作用[②]。

其次,动态的零缝衔接。英国经由法律授权的食品安全监测部门运用互联网技术对批发市场、超市、饭店等场所进行全方位的动态监测,涉及农产品的生产、批发、零售、加工等各

---

① 陈瑞瑞:《物联网条件下的河南省鲜活农产品流通渠道研究》,《中南林业科技大学》,2014。
② 罗瑾、吕军利:《我国超市食品安全监管机制的构建》,《邢台学院学报》2014年第2期,第65~66页。

流通环节，比如，英国对肉类生产实施的是全过程监测，对饲养、屠宰、上市等环节均进行层层取样监测，确保各流通环节中的产品是符合卫生标准的①。

最后，安全追溯。英国农产品实施的是全过程安全追溯机制。安全追溯涵盖了从生产到消费的全过程，能有效加强对整条流通渠道的控制。一旦出现安全事件，通过追溯机制，可逐层排查，直至找到问题的源头。这样的制度切实保障了消费者的根本利益，能准确追究当事人的法律责任。而且如果事态比较严重，追溯制度可以从整体上进行统筹，严控事态，防止扩散，能有效、及时化解影响②。

四　日本：批发市场＋体系完善

日本的农业生产规模小、种植分散，决定了日本以批发市场为主导的流通模式，批发市场有三种类型：一是中央批发市场，由省级政府或 20 万人口以上的城市负责开设，主要功能为分流进口农产品、平衡紧缺农产品供应、生鲜食品在重要城市及周边的合理流通；二是地方批发市场（市场面积果蔬类至少 330m²、水产类至少 200m²），经营主体为政府、企业或农业组织；三是小型批发市场，多数由小型公司或个人开设并经营③。

---

① 陈瑞瑞：《物联网条件下的河南省鲜活农产品流通渠道研究》，《中南林业科技大学》，2014。
② 林真：《蔬菜和茶叶产品管理与控制系统研究》，福建农林大学博士学位论文，2008。
③ 依绍华：《国外农产品批发市场发展经验的启示》，《中国商贸》2014 年第 10 期，第 28～30 页。

在日本，农协是最主要的农业合作组织。日本农协是由个体农户自愿结合、民办官助的农民经济组织，是农民进入流通领域的关键环节，也是批发市场最主要的产地供货组织，约有97%的日本农户都加入了农协，90%的农产品由农协销售。农协拥有冷藏保鲜、流通加工、包装等先进物流技术，直接参与农产品批发市场的建设①。农协利用自己的组织优势，是农户与批发商之间的产地中介。

日本政府合理规划了高速公路和铁路网、物流集散地、港口设施、航空枢纽港等基础设施，建立了预冷库、冷藏库、配送中心等设施，拥有完善的现代化物流技术和装备。对农产品从预冷、加工、储存、冷冻等环节进行规范配套，产后的商品化处理达到100%，超市的生鲜周转期仅1.5天②。

五 中国广东：平价超市＋涉农电商

广东省推出的"三项建设"在农产品流通过程中起到积极作用。"三项建设"主要包括生产、流通、销售三个方面的建设③。在生产方面，主要针对蔬菜大棚等建设设施进行统筹规划和指导；在流通方面，主要着眼于冷链体系建设；在销售方面，

---

① 赖涪林：《日本食品供应链管理模式的经验借鉴》，《科学发展》2012年第11期，第100～106页。
② 李亚丽：《美国、日本农产品供应链管理模式及经验借鉴》，《江苏农业科学》2014年第7期，第440～442页。
③ 叶柏青：《江西农产品价格波动与调控政策研究》，《价格月刊》2015年第1期，第1～7页。

大力发展农产品电子商务和社区平价商店。通过建立产销无缝衔接，稳定农产品价格、让利生产者、惠及消费者。

在流通渠道销售终端建设方面，广东省大力建设一批平价商店。实行统一店面布局，销售明码标价，坚持做到平价承诺书、守则、平价商店与市场产品价格对比表以及投诉电话四个公开，以平价目录而非市场为依据经营农产品，在"稳价、惠民、利企"的原则下取得明显增效。一是以平价销售方式尽可能让老百姓受惠，据统计，以月为单位，平均每个三口之家在平价商店购买农产品能够节省的日常支出。二是平价商店坚持"第一个降价、最后一个涨价"，控制蔬菜价格的上涨频率和幅度。三是让利于农民，平价商店与农民的对接，使农产品流通渠道保持稳定顺畅。四是通过以上三大措施，超市、平价商店增加了消费群体数量，提升了营业额，活跃了市场氛围[①]。

六 中国上海：政策支持+追溯体系

上海已经形成了较为完善的农产品流通体系，在农产品流通的各个环节都具有可被其他地区复制推广的经验。

从政策上增加财政投入。一是加速推进农产品生产设施建设，2010~2015年，上海市新建设施菜田21万亩，财政投入累计达30.3亿元。二是健全、完善蔬菜农业补贴政策，自2008年

---

① 魁妍：《银川市新鲜蔬菜流通渠道发展对策研究》，宁夏大学硕士学位论文，2014。

起，10亩以上的规模菜田按照每年每亩菜田补贴60元标准，并逐年提高标准。三是新增绿叶菜种植补贴政策，自2011年以来，淡季种植绿叶菜，每年每亩菜田补贴80元。四是大力发展专业合作社，每年用于支持专业合作社的资金达到市级财政合作社支出的一半。五是加强蔬菜标准园建设，加强蔬菜标准园规模、设施建设，促进其专业化、规模化程度①。

建立全国范围内的蔬菜基地。一是为避免由恶劣天气、突发事件等情况造成的农产品供不应求，上海市各区政府与全国100多个蔬菜主产区签订应急供应协议，以保证突发情况下的市场供应需求，避免造成混乱和恐慌。二是建立完备的蔬菜应急储备系统，以确保在特殊时期保障城市蔬菜供应需求，同时调控蔬菜流通相关部门和企业的合理规划和储备。

着力建设蔬菜追溯体系。按照"先易后难、试点先行、逐步推进"的实施战略，上海市推进蔬菜流通追溯体系建设，通过信息化、电子化的蔬菜流通数据平台、食品安全信息查询系统以及一体化查询机等渠道，统一配备产地证明、购（销）凭证以此确保进入市场的蔬菜产品可查证可追责。蔬菜流通数据平台通过批发市场和供应商提供的信息，将生产者和消费者联系起来，蔬菜流通中的相关数据汇集在数据平台上，使得蔬菜流通的全过程公开化、透明化、可追溯。

综合以上国内外农产品流通模式分析，得出一些先进经验。

---

① 魁妍：《银川市新鲜蔬菜流通渠道发展对策研究》，宁夏大学硕士学位论文，2014。

第一，流通模式特色鲜明。建立了适合自己国家或区域的农产品流通模式，流通主体明确，如美国的零供对接、日本的批发市场、中国广东的平价超市。第二，政策体系发挥了重要作用。无论是英国的监控体系还是中国上海的政策支持体系都在农产品流通领域发挥着至关重要的作用。第三，政府的大力支持。美国、英国和我国上海市在法律、财政经济政策、立法等方面支持，政府的农业行政体制比较健全，为农产品流通提供了有力的宏观管理保障。第四，完善的冷链系统。冷链是农产品尤其是果蔬、水产品等在流通环节重要的基础设施，运用保鲜、冷藏运输等技术，拥有完善的冷冻设施和低温运输系统，保障了农产品的质量。第五，信息技术水平高。充分利用互联网技术和涉农电子商务保障农产品生产流通整个环节的运转，保证产品质量、优化营销渠道、畅通市场信息。例如美国农民通过电脑就可以了解到农产品市场行情；日本拍卖交易、货款结算都通过电子设备进行。

第三节 天津市现代农业产品流通渠道现状

一 天津市农产品流通渠道消费供给现状

（一）城市居民消费行为

针对天津市农产品流通渠道、农产品物流运输等问题，笔者走访天津市武清、静海、北辰区等10个区的28个镇,开展问卷调查(见附录3),并进行整理分析。

第一,城市居民收入水平逐年增长。2015年,天津市城镇居民人均消费支出26230元,近五年食品消费占城镇居民消费支出均在35%左右。由此看出,食品消费特别是农产品消费占天津市城镇居民消费比重较大,农产品消费群体规模较大。2008年,天津市城市居民家庭人均可支配收入达到19423元,2016年达到34074元,同比增长75.43%。2016年天津市城镇居民生活质量有了显著提高,恩格尔系数达到36.7%(据联合国粮农组织相关标准界定,当恩格尔系数低于30%时,该地区处于"最富裕"阶段)。从中可以发现,无论从食品消费占总消费的比例、恩格尔系数还是从人均可支配收入来看,天津市现阶段农产品消费模式正逐步走向大规模、高质量、好品质、重享受的发展道路。

表6-1 2011~2015年城市居民家庭人均食品支出

项 目	2011年	2012年	2013年	2014年	2015年
人均消费性支出(元)	18424.09	20024.24	21849.69	24290	26230
食品支出(元)	6663.31	7343.64	7993.48	8076	8448
占比(%)	36.2	36.7	36.6	33.25	32.21

资料来源:《天津市统计年鉴(2016)》。

第二,农产品采购渠道追求便捷性。近年来,天津市城市居民选取农产品流通渠道消费终端的需求越来越表现出方便、快捷的倾向。消费场所的选择主要以农贸市场为主,主要得益于天津市农贸市场深入人心,有广泛的群众基础。此外,超市、品牌专营店等消费场所也得到快速发展，在超市等大型连锁零售店购买农产品的城市居民家庭所占比例已达到1/3。与此同时，新兴的农产品消费方式迅速兴起，广大居民越来越多地选择通过互联网购物等新潮方式进行农产品消费。在接受调研的家庭中，有一多半的家庭会选择通过电脑、手机等多种客户端完成网购，而有10%以上的家庭已经尝试通过互联网等途径购买农产品，单品消费金额已达到100～200元以上，可见互联网农产品消费数量已初见规模，这种新兴流通方式发展前景十分广阔。

第三，农产品消费特征趋向高端消费。2016年天津市城市居民家庭人均消费性支出达到26219元，比2011年的18424元增长了42.31%，上升趋势明显。其中肉禽蛋水产品类消费在农产品消费性支出中所占比重最大，呈不断增长态势。通过调研发现，在天津市城市居民消费农产品的结构比例中，蔬果类产品处于主要地位，次之是肉蛋类产品，水产品和奶制品目前所占比重较低，但发展速度较快。淡水产品、海鲜和活禽类产品在日常消费的鲜活产品中占据主要地位，冷冻冷鲜产品在禽肉类和畜肉类产品中比重最大，猪肉在肉类产品中的比例最高。由此看出，天津市城市居民的农产品消费在解决日常基本需要的基础上，正在走向享受性、个性化的新型消费模式。

第四，农产品物流配送的调研统计。通过实地走访抽样调查，对天津市部分区域农产品物流配送现状进行了解。对农户调查发现，大部分农户很少采取有效的储存手段，完全没有采取任何储存方式的农户高达66.75%，导致其在农产品滞销时不能采取有效的手段减少损失，大部分农户在农产品存储方面的意识还较为薄弱。对于没有采取保鲜措施的农户，表示基本没有质量亏损情况出现的仅占 7.5%，农产品在物流运输过程中的质量亏损是普遍现象。在农产品运输过程中，运输距离对于农产品质量的影响最为广泛，占 52.50%，运输保鲜工作与农产品自身的特质各占 17.50%。在农产品配送过程中，损耗率在 20%~30% 的占 60.5%，农产品损耗率高达 40% 以上的物流配送占 11.25%，农产品物流的损耗率明显偏高，58.75% 的农户认为运输流通环节对农产品价格有很大影响。调查显示，仅有 6.75% 的农户对于物流配送现状表示十分满意，53% 的农户更希望物流配送现状能够进一步优化。大部分农业合作社在市场推广方面采取了较为均衡全面的措施，积极拓展销售渠道，其中网上推广占 30%，通过经纪人推销占 30%，电话营销占 27.5%，定向供货占 12.5%。调研发现，30% 的农户希望政府能够协助畅通农产品销售渠道，有 25.75% 的农户希望政府协助建立信息平台推广电子商务，有 10.75% 的农户希望政府能够对农户们进行专业的技术指导和培训，希望政府能够出面制定产品标准、建立行业规范的农户占 10.25%，希望政府能够协助拉拢融资渠道的占 10%，对于组织合作社之间的相互交流与协作的要求占 8.25%。

（二）农产品流通渠道销售终端偏好分析

本研究沿用刘洋构建的指标体系进行测算，通过对天津市城市居民购买农产品行为的调查，对影响城市居民农产品流通渠道的销售终端进行偏好分析，主要从家庭月收入、家庭人口数、家庭开火负责人、农产品购买决策人、每周开火频率、家庭每周采购农产品的平均次数、家庭每周农产总支出、选择农产品消耗时间、选择农产品原则、购买农产品的交通方式、采购农产品种类、是否注重品牌、是否采购绿色标识的农产品、采购农产品制成程度等14个因素如何影响天津市城市居民对农产品流通渠道销售终端的选择问题[①]。

建立模型如下：

$$Y_t = B_{0t} + B_{1t}X_{1t} + B_{2t}X_{2t} + \cdots + B_{14t}X_{14t} \quad (t=1,2,3,\cdots n)$$

自变量的含义及取值如表6-2所示。

表6-2 自变量含义及取值

变量	含义	取值
X_1	家庭人数	≤3人：1，4人：2，5人：3，6人：4，≥7人：5
X_2	家庭月收入	<3000：1，3000~5000：2，5000~7000：3，7000~1万：4，>1万：5
X_3	家庭主厨	父母：1，丈夫：2，妻子：3，保姆：4，其他人：5
X_4	购买食材决策人	父母：1，丈夫：2，妻子：3，经常做饭的：4
X_5	在家做饭频率	每餐：1，一日两餐：2，每日一餐：3，偶尔：4
X_6	农产品采购周次数	无：1，1~3次：2，4~6次：3，7次及以上：4
X_7	购买农产品周花销	≤300元：1，310~600元：2，610~1000元：3，≥1000：4
X_8	挑选农产品耗时	20分钟左右：1，30分钟左右：2，30~40分钟左右：3，40分钟以上：4
X_9	挑选农产品的原则	新鲜不嫌贵：1，便宜不管品相：2，货比三家不上当：3，安全第一，贵点能承受：4

[①] 刘洋：《环渤海区域农产品包容性流通渠道建设研究》，天津师范大学硕士学位论文，2014。

续表

变量	含义	取值
X_{10}	购买农产品交通方式	步行：1，自行车：2，私家车：3，公交车：4
X_{11}	采购农产品种类	粮食：1，蔬菜：2，肉蛋：3，水产品：4，奶制品：5，其他：6
X_{12}	是否关注品牌	是：1，否：2
X_{13}	是否购买绿色农产品	是：1，否：2
X_{14}	采购农产品制成程度	原产品：1，粗加工产品：2，半成品：3，制成品：4

采用问卷调查的方式获得一手数据（见附录4），使用SPSS18.0统计分析软件对调查得到的据进行二项分类Logistic回归分析，结果见表6-3。

表6-3 消费者偏好回归分析结果

变量	B	S.E.	Wald	df	sig.	Exp（B）
X_1	-0.059	0.219	0.073	1	0.802	0.901
X_2	0.361	0.176	3.955	1	0.039	1.543
X_3	-0.210	0.223	0.915	1	0.354	0.888
X_4	-0.320	0.191	2.904	1	0.073	0.749
X_5	0.023	0.204	0.010	1	0.930	1.009
X_6	0.032	0.252	0.027	1	0.892	1.031
X_7	0.232	0.251	0.936	1	0.332	1.274
X_8	-0.001	0.229	0.000	1	0.991	0.999
X_9	-0.236	0.169	1.905	1	0.181	0.799
X_{10}	-0.079	0.248	0.101	1	0.772	0.938
X_{11}	0.184	0.236	0.574	1	0.437	1.194
X_{12}	-1.573	0.422	13.794	1	0.000	0.253
X_{13}	-0.016	0.463	0.001	1	0.927	0.900
X_{14}	0.353	0.178	3.320	1	0.042	1.362
Constant	0.842	1.425	0.634	1	0.894	2.378

对家庭月收入的分析结果为 Sig. =0.039<0.05，B=0.361，说明家庭月收入水平与居民选择购买农产品的销售终端呈明显正相关，即家庭月收入越高就越频繁地选择超市作为农产品购买终端，家庭月收入水平越高所选择的产品质量和服务质量也就越高。

对选择农产品消耗时间的分析结果为 Sig. =0.991>0.1，B= -0.001，说明消费者对于农产品的选择消耗时间基本与销售终端的选择无关，可以得出当前农贸市场和超市的结构布局相对合理，销售终端的选择对于农产品购买不会在时间长短上造成很大差异。

对是否注重品牌的分析结果为 Sig. =0.000<0.01，B= -1.573，说明品牌关注度对消费者选择销售终端呈显著负相关。引起这种现象的主要原因是流通在农贸市场上的农产品多是无品牌或品牌较差。随着超市的销售终端作用越来越明显，促进了农产品的品牌效应，使得农产品快速朝着品牌化道路发展，越来越多的农产品消费者开始关注和追求品牌，因此也更倾向选择超市这一销售终端。

通过以上实证分析，进一步得出结论：随着天津市居民家庭收入水平的不断提高，居民消费农产品的水平也得到进一步改善，同时，越来越多的家庭倾向于超市等现代、新型农产品流通渠道销售终端。然而，从客户群体分布来看，超市和农贸市场这两大农产品流通渠道主要销售终端分别持有各自相对稳定的客户群体。在一定时期内，超市和农贸市场仍将是天津市农产品流通渠道两大销售终端，这种局面不可能在短期内改变。

（三）农产品流通渠道建设现状

天津市基础设施建设良好，满足农产品流通渠道所需的基本物流要求。天津自古就是华北地区水陆空交通咽喉要塞，坐拥环渤海地区最大的对外贸易港口、最大的货运机场，多条骨干线路构成四通八达的公路网络、铁路运输网络等，物流交通设施完善、便捷、发达、高效。近年来，现代高新技术逐步被引入农产品流通领域，如中以农业示范园等部分示范园区建立了生产监控系统、市场信息收集发布系统、电子交易平台系统、产后处理与储藏保鲜、质量安全检测系统、安全监控系统等。部分市场地面硬化、交易厅棚改扩建、客户生活服务设施、管理信息系统等基础设施显著改善，天津市的冷链体系发展水平也在不断提高，为农产品流通实现保障供应、发布信息、快速检测等功能，为提升交易效率奠定了物质基础。

天津市农产品流通渠道主要受市场需求和现代农业发展要求而产生不同的类型，除以传统的生产者－收购者－终端销售小规模直供直销流通渠道外，还有以下几种类型。

龙头企业主导型。指以竞争力较强的农产品生产企业作为龙头，以一项特定农产品作为重点，进行生产、加工、销售完整的产业链过程。截至2017年2月，天津市公布了九期市级农业龙头企业名单，共计244家，如中法合营王朝葡萄酒有限公司和天立独流老醋有限责任公司等。天津市龙头企业集群式发展充分发挥了带动现代农业产业发展和农民增收增效的作用，创新利益相关者之间的关系，促进农民合作社、家庭农场和个体农民之间的合作，为农村的三大产业共同进步而努力，并促进农业供给侧改革的进程。

专业市场主导型。专业市场主导型是引导农业步入农业产业化流通渠道的松散形式，即运用市场导向，以当地主导产业为中心建立专门市场，同时，扩展流通渠道，促进优势产业形成大规模的专业化生产。天津市早些年在城郊接合部建设的红旗、何庄子、金钟、柳滩四大果蔬批发市场是这一模式的代表。四大市场年上市蔬菜果品近20亿公斤，在此建设果菜交易场所的有全国27个省、市、区和600多个县及乡镇；80多个蔬菜、水果种植专业户与四大市场建立了长期合作关系[①]。

科学技术主导型。指将科研机构作为引领者，严格依靠先进科学技术的推动作用，建成集约化的农产品生产过程，集生产、加工、销售于一体的流通渠道[②]。此种模式的代表是天津农科院蔬菜研究所。该所具有较完善的蔬菜科研、生产、加工、销售体系，已经在天津市建设完成6个蔬菜良种繁殖基地，每年向社会提供优良蔬菜种子超过30万公斤，其研制成功的52个蔬菜新品种年创经济效益超过6亿元，种植范围达到全国28个省、市、区，极大地促进了天津市的农业科技进步。

产业主导型，这种类型一般利用政府的宏观调控和市场的自

---

① 窦连彬：《我国农业产业化经营运行机制研究——以天津市农业产业化发展为例》，中国农业大学硕士学位论文，2007。
② 董晋宏：《黑龙江省鲜活农产品流通模式研究》，东北林业大学硕士学位论文，2013。

然竞争的同时，运用多种经营手段，充分利用当地现有资源，以"一村一品"和"一乡一品"为抓手，建设基层生产基地，大力开发拳头产品，发展一批区域性主导产业，进行专业化、规模化生产。天津市的粮食、蔬菜、果品、肉类、奶类、禽蛋、水产品和花卉等八大产业初步形成区域化、专业化、规模化生产。天津猪肉产量的80%来自五大生猪基地和蓟州、武清、宁河、静海及北辰、西青区，全市水产品养殖面积的80%来自这11大片区。

专业合作组织主导型。专业合作组织主导型指专门从事一种农业生产项目的若干农户按照一定的规范，组建起形式多样的农民合作组织的联合方式。通过这种合作组织的指引，实现农产品生产、加工、销售的全过程。各类专业合作组织围绕粮食、蔬菜、果品、禽蛋等农产品的种植、生产、营销的全过程开展产前、产中、产后服务，把孤立的农户有效地联合起来，共同提高效益。

二 天津市农产品流通存在的问题

目前，天津市基础设施建设良好，物流行业发展迅速，但农产品物流行业起步晚、发展慢，与发达国家和地区的现代化、高科技农产品流通仍然存在差距。

（一）中间环节多，流通成本高

中间环节过多是当前天津市农产品流通渠道的主要特

点。一般农产品流通需要经过农民、产地批发商、中间运输商、销地批发商、终端零售商等环节才能最终到达消费者手中，经过的环节数量普遍至少四个。即使是对时效性要求较高、流通环节较少的生鲜超市，基本也只是努力使经销地批发商与消费终端这两个环节合二为一，更多环节的压缩、更大程度的整合尚不能做到。多环节流通渠道最显著的缺点就是流通成本高，每进行一个环节，该环节所涉及的经营者都需要从中获得利益，所有环节完成之后，最终导致农产品价格居高不下，消费者买不到物美价廉的农产品，农民的辛勤劳动也没有达到增收的目的。流通环节的冗余延长了农产品流通时间，造成不必要的产品消耗，提高了运输成本，局限了农产品流通范围，导致天津市农产品流通渠道难以实现便捷化发展。过多中间环节使农民无法及时了解市场动态，盲目生产、跟风生产，导致市场供求关系失衡，造成生产资源的浪费。

（二）农产品交易效率低，价格区域差价大

天津市农产品交易手段传统色彩浓厚，流通过程还没有完全现代化、电子化，绝大多数农产品交易所采用的方式仍然是传统的现场交易方式，这就造成了农产品交易要受到交易场所的严格限制，操作效率低下，渠道组织分散，产品价格不稳定。因此，在天津市农产品流通渠道中应当进一步引入电子商务交易、宅配送交易、期货订单交易等现代化、高效率的交易手段，促进农产品交易的时效性。2006年后逐步形成的天津市菜市场，以固定经营的方式给予消费者一定程度的方便，但消费者也因此承受了由于统一管理所增加的入场费、摊位费、二次承包摊位费、管理费、税费等一系列费用，导致菜市场农产品价格居高不下。同时，在零售市场上还存在较大的区域性差价。同一种农产品在仅有一河之隔的两个区就有可能产生一倍以上的差价，即便是同一个地区同一天两个不同的菜市场，同类农产品差价也能达到20%~30%。

（三）渠道主体与现代农业体系发展不相适应

在我国，国有性质的流通渠道主体在县级以下级别的农产品流通渠道中比例正逐渐降低，流通渠道主体的所有制性质不断趋向多元化，呈现出多种所有制共同发展的态势。绝大多数份额被个体、私营流通主体占据，实力较强的主导企业、批发集散地、行业合作组织等还未担当起现代物流的支柱，竞争有序，兼顾农户、消费者和渠道发展利益的长效物流运转机制还没有形成。行业经纪人的出现在天津农产品流通渠道中发挥了一定影响，但是受农民经纪人文化水平较低、经营管理能力欠缺、合作意识不强等自身限制，所发挥的实际作用十分有限，难以形成规范化、整体化的良性竞争的市场秩序，反而增加了农产品交易成本，与现代农业体系的发展不相适应。

三 天津市农产品流通渠道优化

(一) 基于电子商务平台的农产品流通模式

抑制天津市农产品流通高成本,提高流通效率,保证在流通过程中的品质,保障生产者和消费者的合理利益需要通过适当较少的流通环节、完善的流通政策保障、透明的需求信息、专业化的物流服务。鉴于上述需求,结合天津市农业发展及流通渠道实际,借鉴董晋宏研究观点,构建适合天津市现代农业发展的流通模式,见图6-2[①]。新流通模式简化了流通环节,将多元化参与主体简化为农产品生产者、涉农电子商务平台、直销商、消费者四个参与主体,专业化第三方物流、第三方支付平台参与流通全过程。整个流通模式通过农产品电子商务平台在政府规划监督部门的政策指导和监督下运行。

(二) 优化渠道流通模式

目前在市场上通常的流通渠道基本需要经过五个环节甚至更多环节,本书从第三方物流的行业战略角度进行统一规划,将电子商务平台、直销店和现代物流三大平台进行结合构建出一个纵向为四个环节的农产品流通模式,最终起到减少流通环节、降低流通成本、提高流通效率的作用。以上优化后的流通

---

① 董晋宏:《黑龙江省鲜活农产品流通模式研究》,东北林业大学硕士学位论文,2013。

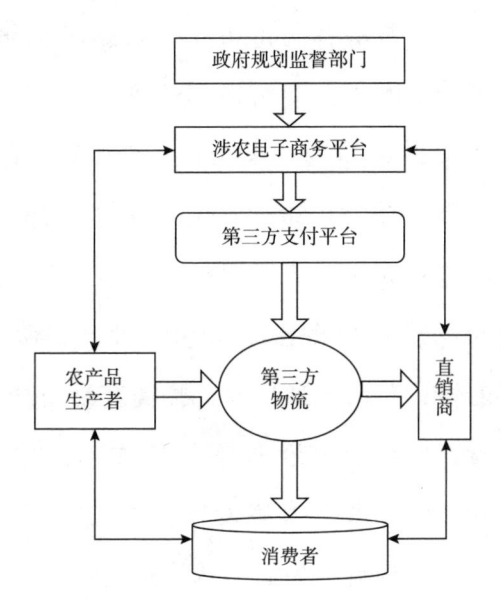

图 6-2　基于电子商务平台的农产品流通模式

渠道，借鉴了国内外的电子商务、专业化的第三方物流（冷链物流）、安全监管、政策体系，以及竞争加大后超市和批发市场的平稳运营（产生平价超市等）等经验，涵盖了原有的农产品流通渠道，更加符合现有市场的运营要求和发展趋势。

优化后的流通渠道可以分解为以下几种模式：模式1，农产品生产者-涉农电子商务平台-直销商-消费者；模式2，农产品生产者-涉农电子商务平台-消费者；模式3，农产品生产者-直销商-消费者；模式4，农产品生产者-消费者。

涉农电子商务平台：架起了生产者和消费者的桥梁，集合第三方物流和支付平台，减少了流通环节、降低流通成本，使流通过程更加专业化，同时大大增加了社会就业岗位。

直销商：包括批发市场、现代农业企业、观光农场、农产品超市、农民合作社等载体，可以是涉农电子商务平台的前端客户，也可以是后端客户，还可以与农产品生产者或消费者产生直接的买卖关系。

政府规划监管部门：负责农产品流通全部环节的监管及相关政策体系的制定和完善。

第三方支付平台：根据需要可引入商品交易的每个环节，优化了资金流通性，节约流通成本，提高交易安全。

第三方物流：农产品流通的最大问题就是物流问题，通过第三方可以引入冷链物流、互联网监控物流体系等，提高物流环节的专业化，减少物流损失，节约流通成本。

（三）优化渠道在天津市的可行性分析

政策环境良好。近几年的"中央 1 号"文件多次要求搞活农产品流通，给地方政府拨付专用资金加强农产品流通。天津市响应中央的政策，开通农产品"绿色通道"。2005 年，天津市建立公路农产品运输"绿色通道"；2011 年，天津市海关建立农产品通关"绿色通道"，农产品 10 分钟快速通关，降低了农产品的流通费用，进一步稳定农产品价格。

电子商务环境成熟。新模式构建需要借助电子商务平台的经验，国内互联网与国外相比虽然政策上还不够平等，但是近 10 年互联网在国内的发展如雨后春笋，形成了多家可以与国外互联网直接竞争的互联网企业，比如，百度、阿里巴巴、网易等。而且通过电子商务进行支付的模式已经成熟，各大企业近年来也开始纷纷试水涉农电子商务。但是，天津市农村电子商务仍发展较慢，会为农产品流通模式优化带来一定阻碍，这就需要引入专业的电子商务平台运营，以弥补这些不足。

物流逐渐专业化。西方国家物流成本已经降低到8%以下，而我国仍停留在两位数，缩小这一段差距可以提升我国的GDP水平，对于天津市而言也是同样的道理。而且国内近些年，也出现一些大型物流企业和现代物流园，虽然专门针对农产品的物流较少，但是已经发展起来的大型物流企业可以将对其他商品的物流技术、设备和经验经过调整形成专门针对农产品的物流。通过调整可以缩短农产品物流技术的成熟时间，为农产品的新模式实施提供保障。

消费者消费理念转变。伴随着市场环境的成熟，消费者的购买方式也从批发市场直接选购到可以接受网络订购、去专卖店进行选购。生活水准的提升也增强了营养产品的需求弹性，人们生活富裕了在温饱问题得到解决后开始更多摄入农产品来补充自身营养。

新模式具有可操作性。美国的"零供对接"为通过直销店平台进行直销传授了最直接的经验，日本多样的交易方式和硬件设施齐备的批发市场功能为直销店和物流企业对农产品进行仓储、加工、保温处理过程中都提供了成熟的经验，以及广东的平价超市等经验。通过对国内外经验的学习并将其移植到新模式中具备一定的可实现性。

第七章
国内外发展现代农业的经验

现代农业发展的理论与实践
THEORY AND PRACTICE OF MODERN AGRICULTURAL DEVELOPMENT

第一节　国外现代农业的发展经验

一　美国现代农业发展经验

美国大部分土地处于北美大陆南部，地理位置良好，自然资源丰富。迄今为止，美国已成为世界最大的粮食出口国，并且在很短的时间内实现了从传统农业向现代农业的转变，积累了很多宝贵的经验。

（一）推进现代农业规模化经营

1826年制定的"宅地法"奠定了美国家庭农场的地位，这种规模性的农产品生产方式有利于农作物的大规模生产和管理，提高机械化和密集化的作业程度，大大提升了人员的劳动生产率和土地产出率，同时也节省了经济和时间成本[①]。目前，美国的小型农场数量占总数量的90%以上，占农业资产的70%，其农业产值占40%左右。大型商业农场的比例虽小，但其面积和所占销售额却不容小觑，并且占农业产值的比例高达60%，说明规模化的经营更有利于经济效益的提高。除此之外，美国现代农业的地域特点

[①] 郑文钟:《基于数据挖掘和系统集成的农业机械化信息管理系统研究》，浙江大学博士学位论文，2005。

明显，主要按自然地理位置的差异进行农业区域布局，玉米、小麦、大豆、棉花、柑橘等各种农作物产品基本呈现区域带状集中分布。这种区域分布的方式能最大限度地发挥自然资源优势和社会经济优势，专业化、规模化的生产有利于机械化作业和农业技术推广，进而降低生产成本和风险，大大提高了农作物成品的质量和效率。我国要保护脆弱的农业经济，在保持农业基本经营制度稳定的基础上，提高农民的组织程度，改变固执的小农思维方式，使有条件的地区联合起来形成规模经营、免受市场经济的强大冲击，并且在对农业的管理方式和手段上进行转变，由单纯的政府监督改变为以科技、法律法规为引导，活跃规模经济的发展形式。

（二）构建完备的现代农业科研体系

美国之所以成为全球最大的农业强国和最大的农产品出口国，与其强大的农业科技有很大的关系，美国非常重视农业科技的培养和应用，拥有完备的农业科研体系。美国私人企业的农业科研力量很强，并具有一定的针对性，其农业成果在农产品种子的提纯、改良、增产、灌溉、病虫害防治、收割方面都有广泛应用，尤其注重水资源的合理利用和保护，对不同的气候特征和土地状态应用地面灌溉、喷灌、滴灌等技术，并且将灌溉技术和施肥量、用药量结合起来，水肥药一体化技术的应用为农产品丰产丰收提供了保障[①]。

[①] 唐滢、丁红卫：《美国现代农业发展及其启示》，《云南农业大学学报》（社会科学版）2013年第5期，第41~44页。

第七章 国内外发展现代农业的经验

20世纪初，美国初步形成了以科研、教育为保障的农业技术推广体系，公立农学院、大学、农业实验室、农业研究局、私人企业研究院、厂商形成一个完整的农业体系。可以说，美国的现代农业是用高科技武装起来的一门产业，除了强大的农业技术，农业补贴也为推进农业发展起到至关重要的作用。规模生产和商业化种植虽然致力于降低成本，但仍有一定风险，美国政府通过专门机构对土地、水力、道路、电力进行基础设施补贴，对农作物病虫害的补贴，对主要农作物目标价格的补贴，以保障广大农产品种植户的利益。在信贷支持方面，美国农民可以凭借信用在商业银行、保险公司、农业信用系统借款，以支持农民进入农业领域[1]。

我国农业科技的发展和应用除了加强诸如种子的提纯、改良、增产、灌溉、病虫害防治、收割技术的提升外，还应该健全各种农业信贷支持体系，在农产品经营的各个环节给予特定的支持和保障，减小农产品经营者的后顾之忧。

（三）完善现代农业产业链体系

随着美国农业的发展，其产业化程度越来越高，农业的产前、产中、产后所有环节形成一个有机整体[2]。产前环节的主要内容包含富有特色的科技支撑体系，高校和科研机构

---

[1] 韩宪辉：《内蒙古阿荣旗现代农业发展研究》，中央民族大学硕士学位论文，2013。
[2] 解柠羽、唐文娟、张扬：《美日农业产业化组织模式的比较及其启示》，《大连民族学院学报》2006年第6期，第55~57页。

的专业研究人员负责当地农业技术的研究和推广工作,有效地提高了农业技术在农业中的结合率,以生物工程和卫星遥感为代表的科技化和信息化对农业科技贡献尤为突出。产中环节的突出特点是大规模机械作业化省时省力,效率较以前大大提高。产后环节中合作社的发展功不可没,多种类型的合作社将家庭农场和市场经济紧密衔接,合作社代表还可以参与和政府、议会、工商界的谈判、对话,以维护家庭农场的利益。除此之外,美国农业部还建立了全球性的农产品信息网,系统、全面地跟踪世界各国食品安全与农产品需求的最新动态[①]。

强有力的农业政策支持体系与现代农业的发展密不可分,美国根据自身的农业发展情况出台了农业保护政策,涉及价格支持、财政补贴、信贷税收、对外贸易等方面的政策着实为农产品生产降低了风险,并且农地的停耕、休耕和转耕的鼓励和支持有利于提高土地质量。

虽然我国对促农工作越来越重视,但仍与美国有较大差距。为此,应该在涉农立法、农业补贴、支农方式、投资方式、基础设施补贴方面齐头并进,使现代农业发展进入法制化、规划化,推行农地的停耕、休耕和转耕,健全并发展农产品价格调控机制,切实保护农民利益。

---

① 刘荣锋:《基于现代营销手段的我国农产品国际竞争力研究》,《湖北经济学院学报》(人文社会科学版) 2016 年第 5 期,第 61~62 页。

二 德国现代农业发展经验

德国是世界农业现代化强国,农业生产经营主体仍然以家庭式的农业企业为主,但经营规模较以前大大增加,主要农产品为小麦、玉米、油菜、水果和根茎类作物。

(一) 大力发展生态农业

德国的生态农业体系较为出色,它不仅将传统农业与农、林、牧、副、渔等和旅游和休闲娱乐体验相结合,创造环境友好型农村,利于农村面貌的改造,农村生活质量和生活水平的提高,还将现代科技应用到农业生产种植过程中,促进了农产品的增产增收,实现农业、农村的可持续发展[1]。德国的生态立法较为完善,"疯牛病危机"和"口蹄疫风波"直接导致了国民对食品安全和食品质量的质疑,政府由此重视生态农业发展的相关立法规定。德国规定一般的农产品种植必须遵循《种子法》《物种保护法》《肥料使用法》《自然资源保护法》《土地资源保护法》《植物保护法》《垃圾处理法》等法规,之后又陆续颁布了保护动物的法案和有机农业保护条例[2]。严格的生态农业条例和农作物种植规定导致部分农业生产活动获得的经济收益

---

[1] 徐红:《对我国发展生态农业问题的思考》,《安徽农学通报》2008年第21期,第14~16页。
[2] 刘玲、杨军、曾玉荣:《对我国生态农业法律制度保障的若干思考》,《台湾农业探索》2015年第2期,第31~33页。

无法补偿为保护环境而投入的经济成本。为此，德国采取定期检查制度，启用了生态产品标识，并对从事生态农业的企业给予了适当的扶持和补贴。最后，重视生态环境的保护，鼓励农地休耕、退耕、鼓励种植可代替矿产能源和化工原料的作物种植。

（二）完善的社会保障制度

随着农业结构的不断优化，德国的农业社会保障也逐步发展为相对完善且符合现代农业发展的社会保障制度体系。与一般的社会保险有所区别，德国的农业社会保障制度体系是针对农民特定职业的保护，并且保障项目覆盖面广、津贴高、管理有序，强大的农业保障制度为现代农业生产经营减轻了后顾之忧[1]。政府鼓励中老年农民提前退休，不仅退休的农民享有政府提供的养老保险金，年轻人也能将农业科技应用于农地提高农作物产量和质量。政府扶持专业，农民可以根据自身情况选择农业生产细分领域，同时可以接受政府提供的经济补偿。对于失业的农民，政府给予维持农民最低的生活保障。德国的社会保障制度在促进社会稳定、发展现代农业方面起到重要的作用。

我国农民占总人口的比例最高，社会保障体系覆盖面却很小，保障水平相对发达国家较低，城乡差距较大，想要赶超德国这样的农业发达国家在近期可能性不大。我国的农村保障模

---

[1] 赵晓芳：《中国城乡社会保障水平差异：危害与化解》，《石家庄经济学院学报》2012年第5期，第82~87页。

式应尽可能增大辐射面，使之尽可能地做到多层次、多类别、多梯度，同时加大政府立法强度，完善农村农民社会保障机制。

（三）有机农业现代技术的广泛应用

德国的有机农业现代技术有别于传统农业技术，不仅应用了现代科学技术，而且将生物学防治、环境保护等重要因素结合起来，利用作物秸秆、动物粪便和有机废弃物增强土壤肥力。通过对不同农作物生长环境的研究，人为地控制生长条件，"土壤病"治理就是一个较为成功的例子；提供适合益生生物的生存环境，改善土壤结构，改善田间昆虫等益生生物的生存环境，增强生态系统的稳定性；通过控制土壤的pH值，控制病虫害发生的条件；注重施用动物排泄物等有机肥料提高农作物自身免疫力，增强土壤肥力[1]。德国有机农业完全不用化学肥料、农药等，应用植物化感技术增强作物抗逆能力，减轻病虫害。植物化感技术应用具有一定影响力的是URO-GREEN公司近年来推广的三个技术：使用植物强壮剂、推广颗粒缓释肥料以及推广草坪穴孔播种机[2]。除此之外，德国农业中有很大比例将种植业与养畜业结合起来，提高了农产品的附加值，这种做法符合农业良性循环和可持续发展的理念。

---

[1] 王章陵：《德国有机农业中现代生物技术的应用》，《世界农业》2009年第11期，第60~63页。

[2] 王章陵：《德国有机农业中现代技术的应用》，《河北农业科学》2009年第9期，第160~162、第169页。

三 日本现代农业发展经验

日本国土面积为37.8万平方公里,农业资源十分稀缺。二战结束后,日本农业人口急剧下降,老龄化十分严重,粮食的供给量低,有相当一部分靠进口解决。为了推进现代农业的发展,日本从多个方面促进农业发展,虽然采取的方法较多,但都收到实际性成效。

(一) 完善的专业人才培养体系

日本的职业教育较为发达,农业职业教育体系包含文部科学省(教育)系统与农林水产省(农业)系统,两者都具有相对完善的教育体系。教育系统的农业职业教育体系从义务教育阶段开始,根据不同阶段开展各种农业职业教育,其理论性和基础性较强。农业系统的职业教育是与实际联系紧密一些的教育,农业实践研修教育、农业技术普及事业和国内外留学制度[1]。这种二元化的农业教育体系吸引了社会各界的共同关注,拓宽了农业的发展和服务范围。

在我国城镇化进程中,随着年轻劳动力大量涌入城市,应该加强对农村留守妇女和中老年人的农业专业知识普及,使留守农民成为掌握农业技术的现代农人,使具有农技知识的新农

---

[1] 李红、王静:《日本农民职业教育:现状、特点及启示》,《中国农业教育》2012年第2期,第38~41页。

民成为农村改革发展的带头人。

(二) 完备的农协财政支持政策

日本经济较为发达,雄厚的财政实力为支持农业的现代化做出了很大的贡献。日本是农业实行高额补贴的国家之一,主要对农田水利基础设施建设、现代农业装备、农业贷款等进行分门别类补贴和优惠,需要农户支付的比重很小[①]。我国政府可以逐步提高对农业的补贴,增大农业投入,提高综合生产能力。有组织地召集农村农民进行农产品专业知识学习培训,将优势农产品知识重点强调,做好适应农村生产力转移的准备,实施"新型农民科技培训工程",围绕主导产业来培训农民。充分发挥政府引导作用,提倡政府引导企业做主体带动农村发展的模式,鼓励自创特色品牌,尊重自主研发,开发具有地方特色的新型农产品。

(三) 完善的农协服务组织体系

日本拥有很完善的农协服务组织体系,全国农协联合会、综合农协、专业农协等。全国99%的农民参与了农协,并享受到农协强大的社会化服务功能,内容涉及农产品种植的筹资、投资、育苗、种植、储藏等,甚至还包括农产品之外农民的婚丧嫁娶、医疗保健等。农协本着全心全意为农民服务的宗旨,

---

① 杨冬民:《从日本的经验看我国农民增收的出路》,《东北亚论坛》2008年第4期,第68~72页。

有效解决了农民的各种困难和矛盾,不仅为农民的农产品经营种植打消了后顾之忧,而且极大地提高了农业的经营效率,方便政府法规政策的实施和落实[1]。我国的农户经营规模小、分散,更需要组织起来抵御市场的风险,构建农业经营组织体系,建立各种级别、规模的农业合作社、农村社联,活跃农业活动,增进农协系统化和网络化建设,加快农业知识、经验的传递效率,切实发挥农协在农民生活以及农产品经营活动中的作用。

(四) 完备的适度规模经营举措

日本农户的土地经营规模普遍偏小,而且土地私有制的局限性导致土地流转困难,因此日本用法律制度创新来推动农业经营规模的扩大。日本的适度规模经营的成功经验可以被复制和借鉴,大力发展家庭适度规模经营,同时有效使用现代生产要素,建立以家庭为单位的商业化农产品种植场。日本适度规模经营的具体措施有:淡化土地所有权,制定和完善旨在促进耕地使用权流转的法律政策体系,促进土地的转让、承包、委托等,规范土地所有权转移的程序、对转移方的权益给予最低保障;大力培养现代化、职业化、专业化农民,激发农民的创业意识和探索意识,学习现代科学农业企业管理理论和方法、营销理念和知识,不断改善农村农产品生产条件。

---

[1] 杨冬民、杨文选:《日本发展现代农业的经验及借鉴价值》,《经济纵横》2007年第17期,第72~73页。

第二节　国内现代农业的发展经验

一　北京现代农业发展经验

北京是国内较早开展现代农业项目的城市之一,经过多年的探索和实践,北京的现代农业已逐渐发展成为城市发展服务的三大功能[①]。

第一,食品供给功能。北京市的人口密度较大,总人口数量高达2000多万,是全球为数不多的粮食消耗大市。然而,北京的粮食供给量较少,很难满足如此庞大的需求量,但北京市供给的鲜活农产品基本能满足本市50%的需求,北京市的现代农业生产在鲜活农产品方面表现出较强的生产力。

第二,生态环保功能。北京市郊区已成为北京市重要的环境保护屏障,在北京周边已形成三个环境保护带。第一个是平原地区,与城市层叠连接,农作物和树木等植物形成了本地区的自然保护区;第二个是圆角平原地区,这部分地区与池塘、林地和农田结合起来,构成农田的防风固沙地区。第三个是外层的偏远山地,利用封山种树、构建防风固沙林,防止水土流

---

① 张华颖:《天津都市型现代农业发展问题研究》,天津师范大学硕士学位论文,2015。

失，维护物种多样性，保护水资源，调节北京远郊区的空气和气候。

第三，服务城市功能。在城市逐渐发展扩张的过程中，逐步将偏远郊区的土地划入城市以增加城市面积，还可以将市区内无法承载的现代农业服务功能转移到偏远郊区，比如，在远郊区构建休闲农业娱乐场所，增设农产品集散区域。现代农业在向远郊区扩散的过程中，还将开展旅游观光、游客体验、农业园林生活等原生态形式。近几年，北京市在周边郊区规划建设了一些供游客参观的果园、休闲垂钓的池塘、旅游观光游牧场、少儿农庄、民俗度假村等休闲娱乐场所，可供游客不离开城市便体验大自然、放松身心。

作为首都地区环境保护的绿色屏障，林业种植一直是北京市的工作重点，城市绿化率和森林覆盖率逐年提高。为推进现代农业的可持续发展，北京市农业土地已经实现了林网化。北京市还曾致力于研发对环境伤害较小甚至无害的农药，研发农作物的生物防治技术，通过降低对农药的使用量和需求量保护环境。农业生产的化肥施用量较高是我国普遍存在的现象，这将引起田间土地板结现象，同时还引起含氮元素化肥的大幅度浪费。北京市通过科学研究提升了土壤对化肥的吸收率，并建立了科学施肥的方法。北京市还特别重视对新能源和可再生能源的开发和使用，并用以替换对传统化石能源的使用，降低化石能源使用过程中对环境的破坏和对空气的污染。

二 上海现代农业发展经验

上海作为国际化大都市，在发展现代农业方面具有独特的优越条件，已经形成了以设施蔬菜、畜禽养殖、水产养殖、休闲农业为特色的完善的现代农业环境。上海作为经济发达、市场化程度高的城市，通过市场的引导作用，规范的企业化管理模式，形成了农业三大板块，走上了可持续发展的循环农业之路[①]。

第一，全产业链的农业产业板块。上海运用其独具的市场优势条件，充分促进农业现代化的推进和实施，为农业产业构建产业化链条体系，进行专业化细分，并将整个链条建成一体化经营模式。将原有农业生产模式依据现有市场竞争规则，进行产业整合、重组，将农业生产过程分解为种苗供应、农业物资供应、农业技术支持、农产品加工、产成品营销这几个阶段提供充分的服务。通过不断的优化，大大提升各环节的操作效率，使传统农业逐步向链条化、科学化、专业化转变，促使其现代农业更具市场特性，市场竞争力日益提升。

第二，生态、观光、休闲一体化的农业生态旅游板块。上海作为一个世界级的大都市，现代农业水平必须符合上海

[①] 张华颖：《天津都市型现代农业发展问题研究》，天津师范大学硕士学位论文，2015。

的城市地位，发展休闲农业成为必不可少的重要内容。上海市依据本地区的发展特点和其他地区现代休闲、旅游、观光农业的建设经验，按照板块化、系列化的形式推进现代生态农业的建设。以农业原生态和亲近自然作为现代生态的着眼点，结合良好的交通、住宿、旅游工艺品开发等优势，进行了系统集成，构建了极具竞争力的现代农业休闲、旅游、观光产业体系。

第三，以技术推广和技能培训为体系的农业服务板块。为解决农业基础相对薄弱的问题，上海市大力推进高科技农业生产设施研发和农业生产技术研究，在传统农业中融入现代科学技术，以降低高经济活动成本带来的竞争劣势，推进传统农业的转型升级。构建科技创新引领的现代化农业体系，利用"长三角"地区的开发开放条件，将上海市农业作为引进、推广先进农业科技的载体，开展高、新、尖的农业技术贸易。将上海打造成技术推广、培训和辐射基地。充分利用上海在科技、资金、装备等方面的优势资源及会展便利性，将农业高新技术展示、农业技术贸易以及职业技能培训结合起来，形成了与大都市地位相符的农业科教产业。建设上海农资产品产业化基地，利用大都市企业发展快、科技水平强、市场化水平高等基础条件优势，实施对科研水平较高的农资产业的推广和建设，如兽用制剂、农药、肥料和种苗等农资产业，从而构建发展水平较高的农资产业基地。

第三节　国内外现代农业发展对天津的启示

作为发达国家的美国、德国和日本，用几十年时间完成了农业的现代化改革，并积累了大量经验。天津市在发展现代农业的进程中，可以参照国内外现代农业发展水平较高的地区，依据其现代农业建设中的经验，减少改革中的弯路，加速推进本地区农业的现代化进程。

（一）制定现代农业发展规划

经济发展水平较高的国家在推进现代农业的过程中，所选取的改革形式各有特色，这些国家的共同点是紧紧围绕本地区的自然特点和经济发展能力推进农业的现代化进程。城市规模增大衍生出对现代农业的需求，在农业现代化进程中，政府往往起到引领和调节作用，协调整个现代化的过程，依据本地区经济、社会、环境等各方面对现代农业发展的要求，实施现代农业发展的顶层设计。天津市在发展现代农业的过程中，应积极考虑经济、社会和环境条件，制定相应政策，促进农业的现代化、特色化、科学化发展。

（二）政府主导优化外部环境

现代农业在逐步实现产业化、规模化的同时，需及时配备与之相适应的资金、技术和设备等基础条件，需要按照发展需求从各方面合理给予优惠和支持。不断完善现代农业的基础投入，建立起政府主导的投资模式。但随着经济的发展，民间资本逐渐充足，因此要加强引导企业和农民作为投资主体，构建以信贷为驱动，风险投资为补充的多元化、多角度、多层次的现代农业投融资体系。通过各级政府资金投入，协同解决前期基础设施一次性投入高的问题，鼓励社会资本进入，从事生产、经营，开发休闲娱乐项目，形成良性化的运行模式。

农业是一项前期投入高、生产周期长、风险因素多的行业，不能单纯依靠市场经济的调节作用发展现代农业。政府还应发挥其宏观调控作用，出台相应的优惠政策鼓励、支持农业的发展，增加对农业企业的资金支持和补助，鼓励和引导个人、企业和资本加入农业的产业化进程，活跃现代化农业系统。

（三）开发特色休闲农业活动

要根据各区县自然资源禀赋，建立适合本地实际情况、满足城市居民需求的形式多样的休闲农业。目前天津市适宜发展的休闲型现代农业有以下几种。

观光农场。主营业务是农业生产，兼营观光业务。农民在生产农产品的同时，适时开放农产品的对外观光业务，供游客游玩、观赏、采摘和购买新鲜农产品。

休闲农业。包含多种服务功能的休闲娱乐场所，该场所汇集农业所特有的自然景致，包括由动植物形成的景观，在此基础上，增设供游客游玩的休闲娱乐项目，使游客在观赏农林自然景色的同时，还能进行休闲娱乐。

开心农业。农民作为土地资源的出租方，提供土地的使用权，针对游客的特定需求对土地进行改造，并将土地出租给游客，供其使用，可任选想要种植的农作物进行自我耕种，体会农趣。

教育农场。这种形式的农场，针对两大群体开设：一是市区的中小学生，增加学生对农业、农产品生长过程的了解，达到农林知识普及和体验农林生活的目的；二是农业从业人员，对其所研究的农业、农产品及农业技术等展开示范式教学，对相关人员进行培训。

特色文化农场。农业从业人员融合农产品、手工艺品和提供旅游等多种服务形式，开展对市民的营销活动，增加获利渠道，如特色农产品展览、民俗游、农耕文化展等，为经常生活在城市的市民带来一种截然不同的体验。

（四）不断优化农产品流通体系

农产品种类繁多，需要完善的、多层次的农业贸易市场和农产品流转体系，以最大限度地降低农产品价格低廉给农民带来的损失。这就需要政府加强对农产品市场的管制，构建农产品贸易市场、超市、涉农电商等不同类型的农产品交易平台，促进农产品市场的产品流通，构建完善的农产品流通和交易体系。

（五）科技主导现代农业发展

现代农业以高集约化著称，其品质化、规模化过程，依靠的是较发达的科学技术和较高的信息化水平。天津市作为我国的直辖市，经济一直处于较高发展水平，应善用其在人才、技术方面的优势，快速向世界上较发达的农业国家和地区靠拢，创下现代农业在科学技术方面的较高水平，以科学技术促进农产品产量的提高和质量的提升。

（六）全面提升行业人员素质

随着青壮年劳动力从事农业积极性的降低，以及不同行业的人群加入高收益的农业生产，提高从业者素质已经成为发展现代农业的一项迫切需要。发展现代农业亟须提升农业从业者的农业专业素质水平，需要培养从业者的吃苦耐劳精神，对现代化农业科学技术的掌握，以及对现代化农业市场的适应性。应加强对从业者的现代农业科学技术的培训，培养新经济形势下从业者对农业生产的新观点和新想法。可以依据各地区的优势特点，发展适合本地特点的现代农业，构建适宜的从业者培训体系，增强从业者的思维变动性，生产技术能力和实践能力。

此外，对比较分散的农民自发式的休闲农业进行整合，重点发展基地型和规模化的休闲农业，发挥农会组织在休闲农业发展过程中的组织、管理和促进作用。

第八章
天津发展现代农业的总体思路与对策

现代农业发展的理论与实践
THEORY AND PRACTICE OF MODERN AGRICULTURAL DEVELOPMENT

第一节 天津发展现代农业的总体思路

一 天津现代农业发展的SWOT分析

(一) 优势分析

气候优势。天津市处于暖温带半湿润气候地区,一年四季季节分明,温差变化明显,年平均气温在11.4℃~12.9℃之间,平均无霜期196~246天,年平均降水量为520~660毫米,年日照时数为2500~2900小时,良好的自然气候资源为天津市现代农业的发展提供了坚实有力的保障。

政策优势。我国连年出台的中央1号文件,天津市出台的《天津市国民经济和社会发展第十三个五年规划》,以及一系列支持现代农业发展的规划和政策性文件,明确了天津市现代农业发展的方向,并在政策上给予现代农业各个领域支持。天津市发展"互联网+"现代农业在电子商务方面具有一定的优势,首先,天津自贸区在金融、海关及税收政策方面都有着较强的优势;其次,作为跨境电商进口试点城市,天津市对中国北部区域市场的跨境电商企业、消费者也有着天然的区位选择优势;最后,天津港对跨境电商企业有较强的吸引力[1]。

区位优势。天津作为我国的四大直辖市之一，紧邻首都，毗邻渤海，具有地理优势。天津市占地面积为两百多万平方公里，连接我国陆地的南北方和东西部，同时还是北方的出海通道之一[2]。天津公路、铁路、航空和航海线路通联世界各地，随着《京津冀协同发展交通一体化规划》实施，京津冀城市群1小时交通圈即将建立，京津冀地区也将形成京津冀城市群为核心区域、以京津两地为中心城市向全国辐射的铁路、公路、航空交通运输网，为现代农业发展开辟新的流通渠道并夯实基础[3]。

保障优势。天津市有众多高校、科研机构及产业园，吸引了大量拥有各种能力的人才，科研发展水平较高，拥有较为先进的硬件设备，构成了天津经济发展丰厚的科研实力背景。天津的发展战略秉承"一主两副"和"双城双港、相向拓展、一轴两带、南北生态"，在城市的建筑风格方面融合古今建筑优势，使天津的建筑呈现古城新貌，现代化城市又有历史文明的痕迹[4]。天津人力资源和物质资源的丰厚为京津冀经济圈的形成创造了可能性，有利于加快经济发展速度，加速农业现代化发展的进程。

---

[1] 王维：《天津自贸区跨境电子商务发展研究——基于SWOT-CLPV框架理论分析》，《华北金融》2016年第2期，第58~61页。

[2] 罗琼、臧学英：《基于SWOT分析的天津海洋经济发展研究》，《天津经济》2016年第2期，第8~12页。

[3] 秦静、周立群：《京津冀农业协同发展的SWOT分析及对策建议》，《城市》2017年第3期，第32~36页。

[4] 祁春子：《京津冀交通一体化背景下天津交通发展的SWOT分析》，《天津经济》2016年第11期，第36~41页。

（二）劣势分析

农业生态环境需改善。发展现代农业有赖于良好的人文环境和生态环境，天津市在发展现代农业时同样需要以良好的生态环境作为支撑。虽然整体上京津冀农业生态环境改善效果明显，但一些农业面源污染在一定程度上仍制约着现代生态农业发展进程。天津市的现代农业发展以"高投入、高消耗、高产出"为主，在生产过程中，化肥、农药、农膜存在过量使用现象，加上施用方式、施用时间以及施用量不合理，导致了化肥、农药和农膜残留问题。另外，禽畜养殖的生态环境和土壤固体废弃物的处理方法亟须改善[①]。

水土资源匮乏。天津市的水资源较少，是我国严重缺乏水资源的城市之一。2015年，我国水资源总量是2.8万亿立方米，京津冀水资源总量仅为174.7亿立方米，水资源拥有量占全国总量的0.6%，天津市人均占水量是160立方米，是世界缺水警戒线的1/6。在农业用水方面，天津市用水量较大，水资源消耗量较大，占总消耗量的59%，天津市亟须加强对农业用水效率的提升和改善。另外，天津城市化发展速度也在逐渐加快，在城市化扩张的同时，对土地的需求增多，导致农业用地面积逐渐减少。2015年，我国耕地面积为135万平方公里，天津市的耕地面积仅为4383.1平方公里，耕地占用的土地资源较少，人

[①] 秦静、周立群：《京津冀农业协同发展的SWOT分析及对策建议》，《城市》2017年第3期，第32~36页。

均耕地面积也和全国的平均数有一定差距①。另外，天津市园林占用的土地资源也大大低于全国园林平均用地面积，土地资源稀缺已经成为制约天津区域发展的重要因素。

人力资源培养机制不健全。目前，天津市的现代农业专业人员相对比较匮乏，现代农业是农业与其他产业相交叉的新兴产业，在天津市发展时间还不长，系统的农业产业人才培训体系还未建立，教育的滞后远远不能满足农业发展的需要。尤其是涉农方面的专业化咨询、流程讲解、规划设计、活动设计、营销策划等领域急需相关人才，这将是限制天津农业现代化进程的一个严重缺陷。

现代农业信息化程度不高。天津市的现代农业的信息化程度亟须提高，尤其是在农产品的销售方面，网络信息化水平较低。大多数观光农场没有开设专属官网进行营销，缺乏新时代的网络推销手段，并且线下营销推广度和营销方式也存在一定问题。此外，现代农业在生产经营时，很多活动是由人工进行操纵，机械化、信息化程度较低，不利于现代农业的快速发展②。

（三）机会分析

符合国家政策导向。从国家战略导向来看，京津冀协同发

---

① 李鹏山、杜振博、张超等：《京津冀地区耕地质量等别空间差异分析》，《农业机械学报》2017年第2期，第150~157页。
② 王华：《天津休闲观光农业营销策略研究》，天津大学硕士学位论文，2015。

展战略、滨海新区开发开放、天津自贸区建设、"一带一路"以及设立雄安新区等战略叠加,为天津市发展现代农业带来前所未有的机遇。天津面向东北亚和亚太经济圈,是亚欧大陆桥距离最近的东部起点、"一带一路"战略的交汇点、"海上丝绸之路"的战略支点,连接日韩、亚欧和内陆腹地的新平台,天津桥头堡作用明显[①]。2016年4月,《京津冀现代农业协同发展规划(2016-2020年)》的出台,优先发展现代农业,旨在将现代农业作为一个有力支点撬动华北大平原的协同发展。同年6月,《京津冀产业专业指南》发布,现代农业被作为五链之一,极大地促进京津冀区域的农业现代化水平及共同发展。

市场需求急剧增长。随着人们生活由温饱向小康的转变,农产品需求结构也发生了很大变化。现代人们追求高质量、高层次的健康生活资源,对农产品需求的状况较之以前也有很大差异,人们不再满足于吃饱,还要拓展到田园风光养眼、观光农业养肺、文化内涵养脑、现代文明养心的精神层面。所以,现代农业对消费者的需求状况和产业结构都应据此做些调整,应促进京津冀区域的农业共同促进、互利共赢发展,构建高质量的有序竞争体系,降低现代农业的投资成本,增强农产品安全性,加快农产品生产效率,以充分迎合消费者日益提升的多样性需求。

加强跨地区间的合作。京津冀三地地缘相近,三地间的区

---

① 罗琼、臧学英:《基于SWOT分析的天津海洋经济发展研究》,《天津经济》2016年第2期,第8~12页。

域合作已有了一定的基础，并在一些领域取得了进展，区域之间、城市之间和行业之间的合作逐渐形成共识。随着市场经济的不断深入，对外开放的不断扩大，三地的合作发展进入一个新的历史时期，在交通、医疗、教育、生态和产业等重点领域率先取得突破的基础上，未来还将进一步深化改革创新，积极引导区域内行业和企业间的合作。农业作为基础产业，是京津冀协同发展的重要组成部分，在推进京津冀经济一体化进程中发挥着重要作用，区域合作水平的不断提高为三地农业协同发展带来了更多机会。

（四）挑战分析

来自周边地区的竞争。对天津现代农业发展构成较大威胁的主要区域是环渤海附近的其他省市，如北京市、山东省和河北省等。北京市的现代农业特色优势突出，拥有较为丰富的农产品资源，对天津市现代农业发展的威胁较大。山东省和河北省是我国的农业大省，其现代农业发展也较为迅速，也是天津市现代农业的有力竞争者。

劳动资源短缺。最近几年，城市化进程加快，越来越多的农村青壮年劳动力涌入城市打工或者到城镇开发区工作，很少有人愿意在农村继续务农。截至2014年年底，天津市的农业从业者仅为67.93万人，劳动力资源匮乏成为妨碍农业现代化过程的重要影响因素。除此之外，经济水平提高的同时，带动人力资源成本升高，农业劳动力成本也随之提升，这对农业这种盈利空间较小的行业来说，无疑是难以解决的困境。

现代农业区域协同管理体系尚不完善。在京津冀协同发展战略下，京津冀还没有形成促进现代农业区域协同发展的制度和政策法规，发展现代农业的规划、建设、管理手段比较单一。现代因素引入不畅，现代农业在发展过程中存在条块分割状况，容易产生资源重叠浪费和产业间协同受阻等不良现象，特别是农业和科学技术没有良好连接，制约了现代农业的进一步发展。北京、天津和河北在新型营运主体、农业设施设备、农业产业体系、结构优化层面间有较大差距，加快农业体制机制改革任务艰巨。

二　天津市现代农业发展的战略选择

针对天津市现代农业发展中所面临的各种问题，以 SWOT 分析为研究基础探讨天津市现代农业发展模式可以实施五大战略。

（一）创新引领战略

对农业所需的各类自然资源和社会资源进行有效整合，注重对农产品运输、水产、奶牛养殖、水果、粮食及设施蔬菜等产业进行技术系统方面的完善，培养农产品紧密相关的新型化肥、现代种业等基础农业，建立农业不同产业技术创新的改革小组。促进农业项目整合、产业集中化管理。增强天津市农业管理机构的管理作用，针对农业不同产业需求，促进农业产业的产学研相结合,培育新型农产品,研究农业新技术,并广泛应用于农业发展、农产品生产中。增设农业科技培训会,培训农业从业人员,使其更能适应和推动天津市的农业发展。

(二) 设施提升战略

全力推进现代农业科技创新,以科学技术作为强大的支撑背景,促进农业经济的发展,在现代农业中加入科技创新元素;鼓励并倡导规模较大的企业利用农业合作社和农业基地、农林园区签订购销合同;增加生产具有较高附加值的农产品,创造独具特色的农业品牌,并进行宣传和推广,提供高质量、安全性的品牌农产品,建立环京津冀区域的现代农业产业群。

(三) 安全供给战略

天津市在发展现代农业的过程中,首先应把好安全这道关,严格恪守生产绿色农产品和无公害农产品的准则。加强对农业生产全程的质量监督、农产品质量检测系统,建立健全农产品标准化技术系统,增强对农产品生产过程、加工过程、运输运送和销售环节等不同阶段的监管强度,推出有机农产品、绿色农产品的质量认证,确保农产品的安全性。研发农产品新品种,构建高标准的农产品生产基地,促进农产品标准化生产,优化农产品产业化结构布局、安全化生产、规模化营销。

（四）功能拓展战略

基于农业区域环境的背景，改善农业发展、农产品生产方式，构建现代化农业体系。注重对农产品运输行业的完善，尤其是涉农电子商务的配送方面。加强禽畜、水果、奶类及蔬菜等主要农产品的营销，将目标区域设定为北京和天津等地区，主要进行农产品的冷加工和物流运输，构建独具本地特色的农产品配送方式，满足目标客户对农产品的需求。加强休闲农业、生态农业建设，结合农村生活、农家住宿、农村民俗、农耕农种等活动项目，依托农产品资源、生态湿地、农业绿化景观和北运河郊野公园等现代农业资源，发展具有休闲娱乐、健康养生、生态观光、农舍度假、文化创意和科技示范等功能的新型现代化服务型农业，促进现代农业的产业升级、产业链延伸和服务优化。

（五）循环低碳战略

加强现代农业的生态化发展，在发展农业经济的同时，兼顾对生态环境的保护。在农业生产过程中，注重清洁化生产，减少对外排放废气、废料及废水，增强农业无污染生产、规模化生产、节约化生产和标准化生产，降低农业产业的碳排放量。减少农业生产过程中对化肥、农药的使用量，避免出现滥用化肥、农药的现象。另外，加强科技化水平较高的有机化肥、无污害农药的推广和使用力度。加强禽畜养殖和科学技术的结合，在养殖过程中，充分利用现有科技，降低家禽家畜的排泄物对环境的污染。加强水产养殖业的科技创新力度，减少对水资源的污染，增强水资源平衡，保护水资源。

三 天津现代农业发展思路

以提升现代农业综合效益、农民就业增收能力为目标，以农业调结构转方式为重点，以建设科技高效型、绿色安全型和节水生态型农业为主攻方向；用足扶持政策，加强科技引领，强化产业支撑，拓展农业功能，做强农业园区，统筹区域布局，改善生态环境；积极培育壮大农业企业、专业合作社、家庭农场、种养大户等新型农业经营主体，提高农业产业化水平和农民组织化程度，促进三次产业融合发展，实现农业市场竞争力、示范带动能力和可持续发展能力的大幅度提升。加强农业生态环境整治、农田基础设施改造、农产品质量监督和农业功能开发建设，发展高效种植业、现代畜牧业、健康水产业、生态林果业、农产品加工物流业、休闲观光农业，形成与天津现代农业定位相适应，科技先进、资源集约、产业高效、布局合理、功能完善、结构优化、特色明显、机制创新、生态良好的现代农业发展体系，努力建成京津冀都市圈精品"菜篮子"供给基地、现代化农产品物流及电商中心和天津特色休闲观光农业聚集区，推动天津现代农业快速稳定发展。

第二节　天津现代农业发展的对策与建议

现代农业发展涉及众多行业和领域，需要在政府统一协调下，将各方的资源进行集中整合，全面推进现代农业发展体系的构建。

一　继续加大支持力度

各级政府要加大财政支持力度，纵观国外发达国家现代农业的发展，无一不是政府在财力、政策上的大力支持，尤其是现代农业科技创新、区域合作等领域的投资金额较大。对于企业或农户无力负担农业生产成本的，政府应从资金上给予支持。加强对农产品批发市场、农贸市场及菜场等收费管理，对收费项目进行规范，降低收费标准。政府建设投资的相关市场收费按照地方政府定价目录执行，按照政府指导价或政府定价收费。发改委、工商行政、公安等部门应严厉打击农产品投机炒作、欺行霸市等违法行为，保证农产品市场平稳有序运行[①]。

由政府出面开展与电子商务平台的有效合作，为天津市电

---

① 吴海民、张全红、李响：《基于农产品"最后一公里"流通模式的思考》，《价格月刊》2012年第9期，第67~70页。

子商务企业和农产品经营者争取更多的机会和资源，通过与电商平台合作的培训，使电子商务创业者更加熟悉日新月异的电子商务平台运营规则；通过与电商平台合作开展活动，让使用电子商务平台的农产品生产者和销售者享受到更低的运营成本和更多的销售机会；通过与电商平台的信息互通，使得当地农产品生产者和销售者能够更准确地把握市场机会。

二 提升科技创新能力

（一）加强农业科技成果的推广与创新

打破部门分割，建立农业科技研究、技术推广、农民教育相结合的新型农业科技推广体系，在农业发展中注入现代化的科学技术作为辅助力量，推进农业科技成果的转化与应用。从过去注重生产环节的增产技术，转向注重农产品质量、关注食品安全、提高农产品精深加工和鲜活物流等技术的研发；从注重提高农业经济效益的技术领域转向同时注重维护农业生态环境和改善农村人居环境等领域；此外，要加快构建农村人才队伍建设培养机制，继续完善现有的各类教育培训机制，提高农业从业者的素质，促使农村劳动力进一步符合现代农业发展的要求。

（二）加强农业科学技术投入力度

加速农业生产所需设施设备的现代化、科技化进程，提升农业产业、农产品的标准化生产、机械化生产和信息化生产的水平，使现代农业向生态化、高效化和优质化发展，促进农业生产对物质资料的循环和高效使用，实现经济发展和生态环境保护的有机结合。

三 推进农业产业融合

为提升现代农业的经济发展水平，帮助农民增产增收，对农业产业结构进行优化，建立健全现代农业产业体系，树立产业融合型的现代"大农业"发展理念。天津现代农业产业特色明显，综合性较强，大力发展现代都市农业，如休闲观光、乡村旅游、生态旅游、农家乐等多种形式，不断开拓农业发展的新渠道。从产业融合的角度积极推进农业工业化发展，全面提升农产品加工业水平。广泛应用工业先进理念、技术、装备和管理方式来提升传统农业的发展，在重点发展特色农业产业的同时，不断延长农业生产的产业链，大力发展蔬菜加工、畜牧水产产品加工等加工产业，提升农产品的附加值，促进农业产业结构优化升级，拓展农业产业空间和产业功能，更好、更快地实现农业现代化和农村新型城镇化。

四 发展涉农电子商务

近年来，电子商务作为一个快速发展的新生事物，已经成为很多人生活中不可或缺的一部分。每种出售的农产品都应准确记录生产商、加工包装商及运送路线等，并以二维码或条形码的形式反映出来，市民用手机扫描即可获知关于该种农产品的准确信息。全程可追溯的形式使农产品的生产、运输、配送过程更加透明，约束各环节主体的行为，保证农产品的质量安全。

（一）按需发挥政府导向作用

从调研过程中了解到，农民从事涉农电商生产经营急需政策上的支持。对此现状，政府可以制定相应政策，对症下药，运用减少税收与相关费用等政策引入资源，鼓励社会各界投资涉农电子商务；通过减少上网费用，降低电子商务涉入门槛等优惠政策，减少基层人员参与电商的障碍；通过支持大学生创业等扶持政策，吸引农村大学生回乡创业，提高电子商务技术水平。政府依照地区实际情况与特色选定试验区，发挥枢纽引导作用，联络发展状况良好的电子商务公司或社会新农人服务团体。通过优惠政策与实际行动进行三方合作，因地制宜，为试验区量身定制发展战略。在电商普及取得一定成效后，总结并推广成功经验，在天津市形成以点带面的联动效应。

（二）稳步推行涉农电子商务

普及电商，规范新型农民培训机制。建立农民培训需求反馈机制，定期收集农民的学习需求，真正做到培训内容与农民需求相一致；采取灵活高效的培训方式，坚持"实用、实际、实效"原则，让农民一看就会、一听就懂、一用就灵，提高培训质量和实效；从单纯的技术培训到综合技能培训，让新型农民真正从传统的农产品生产销售模式拓展到电子商务领域中。

精英领航，带领全村群众共同致富。通过培养电子商务精英，先富带动后富，是实现小范围涉农电商发展的重要途径。精英人选可以是网上开店的当地大学生、村干部或有经验的电商专业人员，通过当地发掘和外部引进相结合的方式，形成示范效应，潜移默化地影响农民的思维方式，依托政策优惠实现资源引进，对带头人进行网络创业教育，鼓励农村大学生依托地方特产，进行网络创业。

人人参与，种植户与合作社利益共享。打造新型农村合作社，将种植户吸纳为社员，进行农产品原产地认证和质量把控，做到产品种类多样化和质量标准统一化；合作社对社员提供电子商务培训，建立起包括产品、销售、售后、培训、引导、推广等环节的电子商务服务系统，完善采、供、销、服的整体运作体系；合作社作为整体，与第三方电子商务平台实现对接，借助如淘宝、1号店、京东、天猫等大型网络交易平台开展销售活动。

（三）不断夯实涉农电商平台

随着涉农电子商务的飞速发展，各类电子商务行业主体的发展有了长足的进步，但也出现了产品信息失衡、人才短缺和物流困难等问题。作为最具有发展潜力的第三方平台，应顺应时代潮流，积极推进涉农电商发展。一是第三方平台应有战略意识，做好涉农电商发展的长远规划和顶层设计，主动出击，下派调研人员发现优质特色农产品；二是大力发展移动涉农电商、大数据、云计算等应用，强化电子商务功能和服务，打造核心竞争力；三是加强网络营销，通过市场调研、有效选择网络营销等策略，拓展市场，整合渠道，增强客户的忠诚度，打造产品品牌。天津市大部分合作社与企业还缺乏稳定的专业人员来辅助企业进行电子商务活动，同时也缺乏人才对接途径。天津市电商企业必须把人才培养和引进提升到战略高度，缓解人才缺乏所带来的压力。在人才选用方式上，可以通过外聘、培训，与淘宝大学以及天津市拥有的电子商务院系或专业的高校合作，为电子商务发展提供源源不断的人才保障。

五　优化产品物流体系

（一）通过科学方案为物流减压

在中国，农产品的困境 70% 来自于流通，一些偏远地区往往面临好产品走不出去的难题，采取科学综合的解决方案有助于改变物流障碍的现状。首先，通过电子商务平台采用预售、团购等方式保证订单可靠性，很大程度上可以让滞销和部分区域不平衡的问题得到缓解；其次，基于大数据分析，进行运筹规划，尝试对有重点发展项目的地区设立物流站点，探索新天地；最后，把"最后一公里"交给专业的第三方冷链物流企业来解决，可以与顺丰、优选等卓越的冷链配送企业合作，降低冷链配送过程中的损耗。

（二）引导促进第三方物流合作

第三方物流处于农产品的生产者和消费者中间，起到连接的作用。物流环节进行得顺利与否决定着农产品能否及时、便利地到达消费者手中，决定着消费者的满意度。目前，我国的第三方物流正处在一个成长的阶段，与国外的第三方物流还存在巨大的差距。西方国家可以将物流费用降低到5%以内，但是在我国，物流费用保持在18%左右。近几年，我国的物流行业随着消费人数的增加也在以每年80%以上的增速快速发展，但是大多都是集中在日常零售商品，如圆通、申通，专门针对农产品的物流企业几乎没有。所以，天津市发展针对农产品的第三方物流企业还需要进行政策引导和扶持，同时现有的物流企业也应该在硬件设施上进行更多的投入，多增加一些冷链系统、保温系统、仓储及产品保鲜设施。同时，针对农产品的物流还应该制定专门的物流操作流程，简化不必要的物流环节，保证农产品及时、高效、低成本地到达消费者手中[①]。

[①] 赵松岭：《河北省鲜活农产品流通模式优化策略研究》，《北方园艺》2014年第22期。

（三）完善农产品冷链设施建设

对于鲜活农产品，建立从农产品产地到销售末端无缝链接的冷链尤其重要，需要有完善的冷链流通体系。肉类产品要加大重点肉类企业的冷链设施建设，建立产销对接的肉类初加工冷链物流基地，推广冷藏车运输和 GPS 技术，超市、菜场及社区直销店等销售网点普及冷藏柜销售；果蔬类产品要改善果蔬生产基地的冷藏、保鲜、储存等冷链基础条件，完善大型农产品市场的冷链网络，扶持果蔬加工企业冷链设施改造，加快应用先进的冷链物流技术，培育大型第三方果蔬冷链物流企业发展壮大为现代化的第三方冷链物流企业；水产品流通要对冷链设施增加投入，重点水产品养殖基地和捕捞企业要健全冰鲜、冷藏、速冻等冷链设施，要建立冷藏冷冻速运网络，运用冷链运输方式，确保水产品快速和保质到达销售终端，强化大型水产品市场和养殖基地的冷链配送功能，积极开展定制加工、冷链配送等物流业务[①]。

（四）完善监管保障体系

新流通模式规划和实施要有政府的政策和规章制度作为保障，这些政策一般是针对流通参与主体的行为进行规范和监管并制定相应的奖励和处罚措施，运用政府的公信力来规范流通

---

① 赵松岭：《河北省鲜活农产品流通模式优化策略研究》，《北方园艺》2014 年第 22 期。

环节，使得农产品流通整体上处在一个高效、节约、衔接良好的系统中。具体的政策应该反映在以下几个方面：生产环节，对产品的质量通过政策和法律的约束，为产品质量制定一些适量的标准；流通环节，为流通企业制定一些流通监管政策，在硬件设备、流通操作规范、物流服务等细节方面给予规范；信息安全，电子商务平台最大安全隐患是信息安全的监管，应该在信息安全领域制定严格的法律来保障流通中各参与主体的信息安全；消费者，虽然流通最终是为了服务消费者，但是也需要对消费者进行约束，应该采取一些相关措施防止消费者恶意下订单给流通造成不便[①]。

六 加强农民技术培训

农产品生产者处于流通环节开始端，对产品的质量和品质起着决定作用。为了满足市场的需求，同时保证生产出合格的农产品，政府可以扶持一些实力比较雄厚的农产品龙头企业，给予这些企业政策上的保护，同时在土地、水资源等自然资源上也应给予一定的优惠条件。鼓励这些企业在发展的过程中多与当地的小规模生产者进行结合，将企业已经拥有的种植、养殖技术传授给小规模生产者，对小规模生产者进行技术上的培训，增加产品的产量和质量。必要的时候政府可以采取资金补

---

① 董晋宏：《黑龙江省鲜活农产品流通模式研究》，东北林业大学硕士学位论文，2013。

助和税收优惠等方式对龙头企业进行源头补助,将整个市场的农产品价格降低以此来迎合市场的需求[①]。

七　引领消费行为导向

新流通模式的构建最终目的还是为了满足消费者的消费需求,但是并不是新的模式消费者就会接受。通过对天津市民的调查,18~40岁的年轻人中91.13%的人具有网购经历,但是只有26.21%的人有网购农产品的经历,41~50岁有网购经历的消费者中有68.16%具有网购农产品的经历,这些人也是家庭里食品主要采购者,目前,年轻一代通过电子商务进行购物比较普及,但是在农产品购买主力的中年以上家庭主妇中的普及面不够。所以,政府应该积极进行引导和宣传,将这一新的流通模式通过政府宣传、口碑相传的方式在购买力人群中进行宣传[②]。同时,消费者也应该拥有良好的消费素质,在进行农产品订购之前就应该提前做好计划,专门订购自己所需要的产品。不要故意大量订购不需要的产品造成不必要的浪费,同时也减少了不必要的流通,保证流通的畅通性。

---

① 董晋宏:《黑龙江省鲜活农产品流通模式研究》,东北林业大学硕士学位论文,2013。
② 董晋宏:《黑龙江省鲜活农产品流通模式研究》,东北林业大学硕士学位论文,2013。

专家意见

专家意见一

在经济全球化不断深入以及市场经济体制不断完善的环境下，我国现代农业已经进入快速发展阶段。在国家政策的大力支持下，尤其是多重国家战略机遇下，以天津市现代农业为对象展开研究具有很好的现实意义。

1. 研究角度选择方面，具有一定的科学性和前瞻性。本项目选择以产业融合、循环经济、美丽乡村建设、"互联网+"以及流通渠道等现代农业领域实践与研究的热点问题为研究切入点。视角新颖，内涵丰富，是现代农业研究的理论规范和实践提升。

2. 研究结构设计方面，具有一定的规范性和时效性。在深度剖析现代农业发展基本理论和发展模式的基础上，分别结合五大热点问题探讨天津市现代农业的发展现状，并结合国内外发展经验提出发展对策。将理论研究巧妙地融入对策研究，结构紧凑，逻辑合理，有利于推进天津市现代农业理论的探索和实践。

3. 研究方法设计方面，具有一定的学术性和严谨性。以现代农业理论和实践的定性阐述和理论论证为主,对天津市现代农业各热点领域发展现状的研究采用了问卷调研、实地访谈、计量分析等方法。定性与定量相结合的研究方法增强了研究结果的可信度,有利于丰富现代农业领域的研究体系。

本研究完成了预定任务,研究成果理论基础坚实,研究角度新颖,结构设计合理,研究方法可靠;针对天津市的现状研究全面透彻,对策研究可行有效。研究成果不仅丰富了现代农业领域的研究内涵,还拓展了现代农业领域的研究体系,对天津市现代农业发展具有很好的借鉴意义。

鉴于以上结论,同意本研究通过鉴定。

中国农业大学　朱俊峰教授

专家意见二

本研究严格按照预定计划执行,并顺利完成预期任务。从基础理论梳理出发,以产业融合、循环经济、美丽乡村建设、"互联网+"以及流通渠道等现代农业研究的热点问题为视角,全面阐释现代农业的发展趋势以及天津市现代农业发展的现状,借鉴国内外现代农业发展经验,提出了天津市现代农业发展的总体思路与发展对策。本研究以理论研究为主,辅以调查研究和计量分析,方法应用合理,总体研究特色鲜明。

一、注重动态性。现代农业在不同的国民经济水平层面上有不同的表现形式和特征。本研究充分考虑到我国的国情和天津市的市情，剖析我国不同热点领域现代农业的发展现状，提出符合天津市经济发展现状的农业现代化发展对策，是天津市现代农业发展实践的有效指导。

二、注重概括性。农业现代化作为一种体系涉及的内容非常广泛，任何研究不可能做到面面俱到。本研究则选择了五个热点问题作为切入点对现代农业具有共性和规律性的理论与实践经验进行抽象与概括，进一步丰富了现代农业研究成果的理论内涵。

三、注重世界性。现代农业具有开放性、历史过程性及与其他相关产业同步推进等特点。本研究从经济全球化的角度来研究我国和天津市现代农业，其参照体系就是当代发达国家既有的最高水平，研究具有很好的前瞻性。

四、注重实践性。本研究虽然在理论分析上着墨很多，但针对每一个热点问题都对天津市进行具体分析，用事实来证明理论的科学性、正确性，使研究结论更加科学合理。

天津市现代农业发展的理论与实践是基于我国现代农业发展实践经验的天津市发展对策研究，理论基础坚实，论证依据可靠，调研分析有效，研究方法得当，对策建议合理，是我国现代农业领域较为优秀的研究成果，同意本研究通过鉴定。

河北工业大学　朱清香教授

附 录

现代农业发展的理论与实践
THEORY AND PRACTICE OF MODERN AGRICULTURAL DEVELOPMENT

附录1：涉农电子商务开展意愿调查问卷

申明：所有资料只作为本次调查使用，未经您的同意，绝不会向第三方透露。

企业名称（个人姓名）：

您的年龄：☐21~30　　　☐31~40　　　☐41~50
　　　　　☐51~60　　　☐60以上

单位性质：☐普通农户　　☐专业合作社　　☐农业企业
　　　　　☐其他

主营业务或产品：　　　　从事生产经营人数：

注册资金：　　万元　　上年产值或总交易额：　　万元

1. 您目前的销售形式：☐批发　☐零售　☐批零兼营
　　　　　　　　　　☐期货　☐其他

2. 销售商品主要来源：☐自产　☐自加工
　　　　　　　　　　☐代销（代理）　☐收购

3. 您对您目前经营满意度：☐不满意　☐一般　☐满意
　　　　　　　　　　　　☐非常满意

4. 您一般通过下列哪些方式获悉农产品销售渠道信息（可多选）？

☐网络　　　☐手机　　　☐电视　　　☐广播

☐听别人说的　　☐等待购买商上门收购　　☐其他_____

5. 您一般通过下列哪些方式获悉国家政府、镇或者村的关于农村的制度、政策和政策执行情况（可多选）？

☐网络　　　☐手机　　　☐电视　　　☐广播

☐听别人说的　　☐无法获得　　☐其他_____

6. 您是否知道电子农务？☐知道　☐不知道

7. 您觉得在农村开展电子商务的原因是什么？

☐响应党的号召　　　　　☐拉近城乡差距

☐促进经济发展　　　　　☐其他_____

8. 在农村开展电子商务，您觉得哪类人群会最先接受？

☐领头的村干部　　　　　☐埋头苦干的农民

☐乡镇企业领导　　　　　☐敢于创新的年轻人

☐无事可做的农村妇女　　☐其他_____

9. 要开展农村电子商务，以什么作为切入点最好？

☐电视广告，用媒体宣传

☐让领头干部学会，再亲自传授

☐免费巡回演讲，使其学会上网挣钱

☐买电脑，免费教上农业网使其挣钱

☐用事实说话，先找一例，让其做出成绩来

10. 您从事生产经营最需要什么信息？

☐政策　　☐技术　　☐经营　　☐价格

☐加工　　☐其他_____

11. 您上过农业网站或涉农网站吗？

☐没有 ☐有时 ☐经常

12. 您认为电视、网络等媒体信息对您的收入有影响吗？

☐影响很大 ☐影响不大 ☐没有影响 ☐不知道

13. 您知道您村的家庭电脑普及率大概是多少？

☐5%~30%以下 ☐30%~60% ☐60%~85% ☐基本普及

14. 请问您家中有下列哪些基础信息设施？

☐电视机 ☐电话 ☐手机 ☐电脑

15. 请问在上题中提到的家用设施在您家的主要用途是什么？

☐市场信息 ☐生产技术 ☐新闻 ☐农业科技

☐娱乐教育 ☐聊天交际 ☐其他_____

16. 您觉得您村的手机资费和网络怎么样吗？

☐太贵了 ☐挺便宜的 ☐一般般吧 ☐信号很差

☐信号很好 ☐有时好有时差

17. 您从什么途径获得田间管理的技能（如何施肥，何时打农药，打何种农药等）的？

☐凭经验 ☐村民之间交流 ☐上网或看电视

☐有专门培训 ☐其他_____

18. 您想通过开网店进行农产品销售经营活动么？

☐非常想，已经在着手准备

☐非常想，但不知道怎么操作

☐有机会也想试试

□没考虑过

19. 您认为国家还应该采取什么措施来鼓励实现农村电子商务？

20. 您对明年的农产品生产经营有什么新思路和规划？

21. 有关电子商务的其他意见和建议。

附录2：涉农电子商务开展状况调查问卷

申明：所有资料只作为本次调查使用，未经您的同意，绝不会向第三方透露。

一 企业（个人）基本情况

企业名称（个人姓名）：_____

单位性质：□普通农户　□专业合作社　□农业企业
　　　　　□涉农电子商务公司　□其他

主营业务或产品：_____　企业人数：_____

注册资金：_____万元　2014年产值或总交易额：_____万元

二 电子商务业务状况

网站（店）名称：_____　域名：_____

网站类型：□自建网站　□利用第三方平台_____（如：淘宝、天猫等）

专门负责电子商务的部门：□有　□无

现从事电子商务技术和客服人员数：_____人

网站开通日期：_____　当前网站每日平均访问量：

_____人次

　　网站信息更新情况：□实时　　□每日　　□每周　　□每月

　　网站主要商务功能（多选）：□提供产品介绍　　□提供供求信息　　□提供价格行情　　□提供客服服务　　□提供广告服务　　□开展网上销售　　□提供平台可供其他商家开设虚拟店铺　　□其他_____

　　网上销售形式：□批发　　□零售　　□批零兼营　　□期货　　□其他_____

　　网上销售方式：□线上联系，线下交易　　□在线支付　　□委托第三方销售　　□其他_____

　　网上销售辅助手段：□无　　□微信　　□微博　　□论坛　　□参与第三方团购、秒杀等活动　　□链接交换　　□网络广告　　□手机短信　　□农民信箱服务　　□传统媒体推广　　□其他_____

　　网上销售商品主要种类：□生鲜农产品　　□加工农产品　　□食品（取得食品流通许可）　　□以农副产品为原料的日用品、工艺品　　□其他_____

　　网上销售商品主要来源：□自产　　□自加工　　□代销（代理）　　□收购

　　网上销售商品（除自产外）原料的主要产地：□周边农户　　□省内　　□国内　　□国外

　　当前网站收支情况：□亏损　　□基本持平　　□盈利

　　电子商务业务趋势：□下降　　□基本持平　　□上升

电子商务经营满意度：□不满意　□一般　□满意　□非常满意

您认为受网络消费者欢迎的主要原因是：□网站推广力度大　□网站信誉度高　□产品质量好　□低价促销　□产品品牌知名度高　□包装美观　□服务完善　□其他_____

电子商务对业务的作用（多选）：□没明显帮助　□提高管理水平　□降低成本　□拓展新客源和新市场　□提升竞争力　□扩大生产规模　□利润增加　□其他_____

当前农产品电子商务主要存在的问题（多选）：□缺乏产品规格、质量标准，不适合网上销售　□保鲜期短，易在运输途中受损、变质　□仓储不足　□信用体系不完善　□本地农村物流配送体系不健全　□物流成本高　□网站（店）宣传不够　□企业运作流程不适应　□售后服务难以保障　□模式雷同，缺乏盈利突破口　□技术力量不足　□缺乏政府扶持　□资金不足　□其他_____

电子商务前景展望：□不看好　□不明确　□目标可达　□非常看好

三　电子商务技术状况

主机设备：□无　□自有　□租用

农产品电子商务交易模式：□B2B（如阿里巴巴）　□B2C（如京东）　□O2O（线上线下模式）　□C2C（如淘宝）

网站软件：□自行开发　□外包开发　□购买成品软件

□付费租用第三方平台　　□免费使用第三方平台

系统维护：□自行维护　　□外包　　□租用第三方平台，无须维护

安全措施：□无具体安全措施　　□自行维护　　□委托外包

电子商务技术人员招工情况：□暂不需要　　□容易找　　□难找　　□因地理位置、待遇、企业文化等各种因素，人员流动频繁

四　电子商务方面的政府支持力度

当前主要得到哪一级政府的支持（多选）：□中央　　□省　　□市　　□县　　□乡镇　　□无

得到的政府支持主要有（多选）：

□基础设施或软件平台支持　　□提供政策信息　　□提供预测分析　　□提供解决方案　　□网站规划、开发、安全、维护等技术指导　　□示范推广　　□帮助与第三方平台对接　　□帮助取得金融机构支持　　□提供农产品质量安全检测服务　　□信息资源共享　　□协助宣传　　□人才培训　　□用工支持　　□试点扶持　　□项目扶持　　□物流补贴　　□减免税费　　□资金补助　　□其他_____

五　其他情况

通过电子商务，带动农户情况：□效果不明显　□带动农户增收　□用协议、合同等方式预订农产品生产　□不清楚

企业内部其他信息化应用情况（多选）：□财务管理　　□生

产管理　□业务管理　□物流管理 □仓储管理　□质量追溯管理 □人力资源管理 □办公自动化 □农业生产智能监控 □其他

您是否需要建立天津市农民信箱：□需要　□不需要　□听说过　□自己想注册　□常使用农民信箱

六　访谈问题

1. 企业发展历程，主要讲销售方式和规模的发展历程。
2. 利用电子商务遇到哪些困难，如何解决？
3. 下一阶段电子商务新思路和规划。
4. 希望进一步政府支持的具体建议。
5. 有关电子商务的其他意见和建议。

附录3：天津市农产品物流配送现状调查问卷

本次问卷调查无对错之分，且为匿名回答，所得数据也对您的发展无任何不利影响。请您根据实际情况和您本人的观点在相应的选项上用"√"标记，或者直接在"＿＿＿"作答。

1. 您的性别是：

   A. 男　　　　　　　　B. 女

2. 您的年龄是：

   A. 20～35岁　　　　B. 36～45岁　　　　C. 46岁以上

3. 种植农产品是您的主业吗？

   A. 是　　　　　　　　B. 不是

4. 您种植农产品的年收入为：

   A. 10000元以下　　B. 10000～20000元　　C. 20000元以上

5. 您种植的主要农产品品种是：＿＿＿＿＿＿＿

6. 您的销售方式为（可多选）：

   A. 零售　　　　　　　B. 批发　　　　　　　C. 网上营销

7. 您的农产品主要面对的市场是：

   A. 餐饮精品系列产品

   B. 中端市场（高端卖场及外资企业食堂）

   C. 低端市场（广大群众，快餐公司，中小学食堂等）

8. 您的农产品每次销售量是：

A. 300 公斤以下　　　　　B. 300~500 公斤

C. 500~800 公斤　　　　　D. 800 公斤以上

9. 您是否遇到过农产品滞销的问题？

A. 是　　　　　　　　　　B. 否

10. 您对涉农电子商务了解吗？

A. 很了解，经常接触　　　B. 知道基本概念

C. 只是听说过，并不了解　D. 没听过

11. 您有意向为自己的农产品基地开展涉农电子商务吗？

A. 有　　　　　　　　　　B 无

12. 您的农产品保存方式：

A. 传统地窖常温保湿贮藏　B. 低温库或冷藏库保存

C. 干燥储存　　　　　　　D. 塑料包装贮藏

E. 其他方式

13. 您的农产品仓储的情况：

A. 大多可以立即销售出去，成本很小

B. 部分农产品需要储存，有一定的成本

C. 储存量大，使用自己的仓库或租用专门的存储仓库，需要付出较大的成本

14. 您是否有过因为物流配送不及时或中途产生的质量亏损而导致亏本？如果有，程度是否很大？

A. 经常，程度还很大　　　B. 偶尔，程度很大

C. 偶尔，程度较小　　　　D. 基本没有

15. 您种植的农产品销售目的地是（具体到附近的一些城市，供选择）

A. 本地

B. 周边区域

C. 市内，但是仅限于交通很便利的地方

D. 市外，距离近而且交通便捷的城市

E. 其他_____

16. 您认为运输流通环节对农产品价格的影响？

A. 有很大影响

B. 有一定影响，但是在可接受范围内

C. 影响很小，可以忽略

17. 您认为配送过程中对农产品影响最大的因素是

A. 运输距离　　　　　B 运输工具

C. 运输保鲜工作　　　D. 农产品自身性质，如保质期等

E. 其他_____

18. 配送过程中您的农产品损耗是：

A. 30%以上　　　　　B. 15%~30%

C. 5%~15%　　　　　D. 5%以下

19. 您认为影响农产品销售的因素有？（可多选）

A. 农产品因挤压等原因导致的外观变形

B. 农产品外观没问题，但不新鲜

C. 农产品水分流失严重

D. 农产品保质期

E. 天气等自然因素

F. 其他（请注明）_____

20. 您对物流配送的满意程度是：

A. 非常满意　　　　B. 一般　　　　C. 不满意

21. 在市场推广方面您采取的主要措施是：

A. 网上推广　　　　B. 经纪人推销　　　　C. 电话营销

D. 定向供货　　　　E. 等待上门收购

22. 您觉得物流配送中存在的问题是_____

您希望在物流方面有哪些改进_____

23. 您未来几年是否还会种植现阶段种植的农产品？如果否，为什么，是否和物流因素有关？

_____

24. 您对政府在农产品种植业的政策有什么建议：

_____

感谢您在百忙之中抽空协助我们完成了此次调查，祝您工作顺利，身体健康！

谢谢您真诚的合作！

附录4：天津市民农产品消费行为调查问卷

尊敬的朋友：

您好！为了解目前电商时代消费者的网上消费行为，我们开展本次调查，希望您能协助我们认真完成此份问卷调查。本次调查仅作为一个学术报告的统计资料，谢谢您的合作。

请您仔细考虑您对以下问题的认同程度，在您认同的选项下画"√"。

您的性别　（1）男　　　　　（2）女

您的年龄　（1）18岁以下　　（2）18～28岁
　　　　　（3）29～40岁　　 （4）41－50岁
　　　　　（5）50岁以上

您家庭人口数为_____人

您的职业　（1）在校学生　　（2）公务员
　　　　　（3）事业单位人员　（4）公司或企业人员
　　　　　（5）退休人员　　　（6）其他_____

您全家的月收入　（1）3000元以下　　（2）3000～5000元
　　　　　　　　（3）5000～7000元　 （4）7000～10000元
　　　　　　　　（4）10000～15000元　（5）15000～30000元
　　　　　　　　（7）30000元以上

您在家做饭的频率　（1）每餐　　　（2）一日两餐
　　　　　　　　　（3）每日一餐　（4）偶尔

您家里谁主厨　（1）父母　　（2）丈夫
　　　　　　　（3）妻子　　（4）保姆
　　　　　　　（5）其他人

您家买菜谁决策　（1）父母　　（2）丈夫
　　　　　　　　（3）妻子　　（4）谁经常做饭谁做决策

一　家庭农产品消费总体情况（请将您的选择填写在括号内）

1. 您家里每周采购蔬菜的次数约为（　　）

   A. 无　　B. 1～3次　　C. 4～6次　　D. 7次及以上

2. 您家里每周购买农产品的总花销（　　）

   A. 300元以下　　　　B. 300～600元

   C. 600～1000元　　　D. 1000元以上

3. 您采购农产品每次花在路上的时间是（　　）

   A. 小于10分钟　　B. 20～30分钟　　C. 30～50分钟

   D. 50分钟以上

4. 您通常购买农产品的交通方式是（　　）

   A. 步行　　　　　　B. 骑自行车

   C. 开自家小轿车　　D. 乘公交车

5. 您挑选农产品所花费的时间是（　　）

   A. 20分钟以内　　B. 20～30分钟

   C. 30～40分钟　　D. 40分钟以上

6. 您家里挑选蔬菜的原则是（   ）

   A. 新鲜不嫌贵　　　　　B. 便宜不管品相

   C. 货比三家不上当　　　D. 安全第一，贵点能承受

7. 您采购农产品时是否会关注品牌（   ）

   A. 是　　　　　　　　　B. 否

8. 您是否会主动购买带有绿色标识的农产品（   ）

   A. 是　　　　　　　　　B. 否

9. 您认为您家庭日常消费采购的农产品多数为（   ）

   A. 未经任何加工的原产品　　B. 粗加工产品

   C. 半制成品　　　　　　　　D. 制成品

10. 您主要从哪里购买农产品（   ）

    A. 超市　　　B. 农贸市场　　　C. 品牌专营店

    D. 农民直销　　　E. 批发市场

二　您对农产品网购的看法（请在表格相应问题的选项下画"√"）

　　1：强烈反对　2：反对　3：中立　4：赞成　5：强烈赞成

问题调查	1	2	3	4	5
我经常在网上购买农产品					
我不担心网购食品安全问题					
我更喜欢接近家乡味道的农产品					
我很在意农产品的包装					
若网购易变质食品，要确保我能及时接收快件					
如果网购满意，我会成为某一商家的回头客					

三 以下因素对您做出农产品网购决定的影响程度（请在表格相应问题的选项下画"√"）

1：没有 2：不大 3：一般 4：比较大 5：很大

问题调查	1	2	3	4	5
产品价格					
产品质量					
产品功能（食品口味）					
售后服务					
品牌知名度					
卖家包邮					
卖家星级					
促销活动					
物流速度					

图书在版编目(CIP)数据

现代农业发展的理论与实践：基于天津市的研究／
王立岩著．－－北京：社会科学文献出版社，2017.9
（天津社会科学院学者文库）
ISBN 978－7－5201－1128－7

Ⅰ.①现… Ⅱ.①王… Ⅲ.①农业发展－研究－天津
Ⅳ.①F327.21

中国版本图书馆 CIP 数据核字（2017）第 175792 号

·天津社会科学院学者文库·

现代农业发展的理论与实践
——基于天津市的研究

著　　者／王立岩

出 版 人／谢寿光
项目统筹／邓泳红　桂　芳
责任编辑／陈　颖　王丽丽

出　　版／社会科学文献出版社·皮书出版分社（010）59367127
　　　　　地址：北京市北三环中路甲29号院华龙大厦　邮编：100029
　　　　　网址：www.ssap.com.cn

发　　行／市场营销中心（010）59367081　59367018
印　　装／三河市东方印刷有限公司

规　　格／开　本：787mm×1092mm　1/16
　　　　　印　张：16.25　字　数：160千字

版　　次／2017年9月第1版　2017年9月第1次印刷
书　　号／ISBN 978－7－5201－1128－7
定　　价／79.00元

本书如有印装质量问题，请与读者服务中心（010－59367028）联系

▲ 版权所有 翻印必究